JN439164

아버지의 꿈

오경자 수필집

교음사

책 머리에

독자에게 한줄기 소나기이고 싶어

왜 쓰는 것일까? 이왕 발표한 작품들을 무엇 하러 굳이 한 권의 책으로 엮어내려 하는가? 똑같은 의문이 머리를 떠나지 않지만 그 대답 역시 한결같다. 치밀어 오르는데 어떻게 안 쓰고 배기겠는가? 이왕 세상에 빚어내 놓고 뿔뿔이 흩어진 채 방치하는 것은 도리가 아니다.

재작년에 책을 내긴 했지만 아직도 7, 8년 전의 작품들에서부터 줄지어 발간을 기다리고 있다. 게으른 탓도 있겠지만 출판계의 사정 등 여러 가지 요인들 때문에 밀려 있는 형편이다.

우선 정리를 하고 보니 세상을 향한 바람이 너무 절절해서 울분을 토하는 글들이 많은 것 같다. 문학이 사회의 소금이고자 하는 사명감이 없다면 글을 쓸 이유가 없다는 소신에 따라 그야말로 그 모습 그대로 내보이기로 결심했다.

남편을 떠나보낸 후의 글들이고 서러운 마음이 좀 무디어진 후의 작품들이긴 해도 청승기가 아직 좀 남아 있는 글들도 있다.

수필의 본령에 충실한 작품이 얼마나 될지는 독자들의 평가를 기다릴 뿐이지만 오늘의 사회와 가정의 문제들을 함께 생각해볼 일이다 싶어 정성껏 엮었다.

답답한 심사를 풀어주는 글이 몇 편이라도 있어서 한줄기 소나기같이 독자의 가슴을 후련하게 해 주었으면 더 이상 바랄 것이 없다는 심정으로 몸을 낮추고 독자 곁으로 찾아간다.

이번 책은 대학 신입생이 된 손자와 여고 1년생이 된 손녀에게 안겨주고 싶다. 그들의 성공적 삶을 위해서 기도하는 마음으로!

2020년 1월 통일로가 내려다보이는 녹번 서재에서

오경자

| 오경자 수필집 |

아버지의 꿈

- 차 례
- 책 머리에

1 아버지의 꿈

2 작은 행복

3 지금 잠이 옵니까

4 점퍼 입은 양파

5 만수옥 깍두기

6 소금광산

7 뱀처럼 지혜롭게

1

아버지의 꿈

- 아버지의 꿈
- 자랑스러운 아버지
- 제 가슴에 지르는 함성
- 그 곳에 갈 수 없는 것은
- 언제나 통일로가 역사의 뒤안길이 될까?
- 넉넉한 품에 안기리
- 고맙다는 말 한 마디 못 하고
- 새벽길
- 4·18 바로 그날

아버지의 꿈

누구에게나 꿈이 있다. 꿈을 꾼다는 것은 인간만이 가진 특권이기도 하다. 동물에게는 인간이 가진 여러 가지 본능이 거의 다 있지만 꿈을 꾸는 현상은 일어나지 않는다고 한다. 그런 생물학적인 의미의 꿈도 없을 뿐더러 더 중요한 것은 인간처럼 자기 미래에 대한 기대나 꿈이 존재할 수 없다는 것이다.

새해라고 설이라고 야단들이고 올해는 더욱 더 청마의 해라고 큰 꿈들을 말하며 흥분하고 있다. 너는 무슨 꿈을 꾸고 있느냐? 얼른 대답이 나오지 않는다. 아직 내게 꿈이 있는가? 아니 꿈을 꾸어도 되는 것일까? 옛날 같으면 태반은 이미 저세상 사람이거나 명이 길어 살아 있다 해도 극노인이 되어 뒷방이나 지킬 나이가 되었는데 세상이 좋아져서 아직 명을 부지하고 있을 뿐더러 아직도 팔팔한 척 활개를 치고 다닐 뿐이다. 일을 하는데 아무 지장을 줄 것 같지 않은데 세상은 늙었다고 아예 뒤로 제쳐놓고 거들떠보려 하지도 않는다.

게다가 늙은이 대하는 데도 남존여비의 벽은 높다. 남성의 경우는 그 경력이나 경륜 등을 존중해서 중요한 일을 맡기는 경우도 있으나 여성에게는 인색하기 그지없다. 남성들이 여성을 그렇게 보는 것은 말할 것도 없을 뿐만 아니라 여성들 사이에서 노인 기피현상이 더 두드러져 보이는 것은 기막힌 일이다. 이 역시 여성들의 파이 접시가 아직 매우 작기 때문이다. 선배들의 경륜이나 경력들 때문에 자칫 자기들의 몫을 빼앗길까 봐 전전긍긍하는 모습은 우습게 보이다가도 애처로워 보이기까지 한다. 눈 깜짝할 사이에 자신들이 바로 이 자리에 오게 될 것임을 모르는 근시안이 그렇게 보이는 것이다. 어서 세상이 더 발전해서 지금의 주인공 여성들이 우리 나이가 되었을 때는 우리처럼 홀대받는 일이 없어지기만 바랄 뿐이다.

꿈은 무엇이던가? 아름다운 것이기도 하지만 허황된 것이기도 한 것이 꿈의 정체라 하면 너무 삭막한 말이 되려는지 몰라도 실현 가능성이 적은 일을 우리는 곧잘 꿈이라고 말한다. 그러면서도 젊은이들에게 꿈을 가지라고 하는 것을 보면 잠재의식 속에서 우리는 좋은 의미의 꿈을 생각하고 사는 것이다. 꿈에 색깔이 있다면 아마 무지개색일 것이다. 누구에게나 꿈은 아름답고 현란하지 않을까?

액자 속 아버지가 빙긋이 웃으신다. 그래 저 어른의 꿈은 무엇이었을까? 자신의 역량을 마음껏 펼쳐서 무엇인지 큰일을 하고 싶은 것이 꿈이었을 게다. 6.25로 무참히 꺾였을 그 꿈의 정체가 왜 궁금해지는 건지 잘 모르겠다. 아마도 아버지 말년의 꿈은 나와 엄마 얼굴을 단 한번이라도 만져보고 싶은 것이었을 것 같다. 그 소박한 꿈을 앗아간 죄인. 천벌을 받아 마땅하리라.

자랑스러운 아버지

비석을 한두 번 본 것은 아니지만 오늘 이 황산대첩비 앞에 서니 옷깃이 저절로 여며지며 숙연해진다. 고개를 숙여 묵상을 하는데 마음이 자꾸 격해지면서 목이 메어온다. 아버지가 자신의 직을 걸고 지켜내려 안간힘을 썼던 원래의 비도 사라지고 아버지의 꿈도, 큰 뜻도 모두 다 전쟁의 소용돌이 속에 하릴없이 스러져간 것이 너무 안타까워 참았던 분노가 새삼스레 가슴을 헤집어 놓는다.

용서해야지 민족이 다 당한 일인데 역사의 큰 물결이었다고 체념하고 잊어버리자, 등등의 생각으로 아픈 상처를 잊고 털어버리려 애써 보지만 세월이 가도 그 핏빛 그리움은 더욱 선명해질 뿐이다. 새록새록 생각나기는 나이 들면서 더 잦고 심해지는 것 같다. 민족적 자존심을 걸고 이 비를 지켜내고자 안간힘을 썼던 아버지의 노고에도 불구하고 일제에 의해 기어이 다이너마이트로 폭파되어 원형이 유린당했다. 파편을 맞추어 원형을 확인했으나 너무 심히 파괴되어 새 오석비로 복원되어 다시 이 자리에 우뚝 서 있으니 만감이 교차한다. 아버지의 인자한 미소가 고뇌에 찬, 그러나 다부진 입매와 떠는 듯한 눈꼬리 위에 겹쳐지며 떠오른다. 잘 자라서 예까지 찾아와 준 딸이 대견하다는 듯 등을 토닥여 주신다.

전라북도 남원시 운봉읍 화수리 344-1에 있는 황산대첩비는 고려 말(1380년) 이성계 장군이 왜구의 침략에 맞서 싸워 적장 아지발도를 죽이고 대승을 거두어 나라를 구한 황산대첩의 전승 공적을 기려 세운 대첩 전승비이다. 이성계는 그 승전 후 전주 오목대에 들러 전주이씨 종친회가 중심이 되어 마련한 전승 축하연에 참석하여 대풍가를 부름으로써 새 나라 건설의 출사표를 은유적으로 밝힌다. 우여곡절을 거치기는 했지만 곧장 조선을 개국하여 태조가 되었으니 예사 승전이 아니다.

훗날 선조가 그 전승을 기리고자 이 비를 세우게 된다.(1577년) 「용비어천가」와 「고려사」의 내용을 중심으로 해서 쓰인 이 비문은 10배가 넘는 적병을 무찔러 풍전등화 같은 고려를 왜구로부터 지켜낸 큰 공적을 적고 있다. 만약 그 때 아지발도를 꺾지 못하고 패전했으면 아마 우리나라는 일본에게 완전히 유린되었을지도 모른다고 사가들은 평가하고 있다.

아지발도는 18세밖에 안된 어린 장수였지만 체구가 엄청나게 크고 한 끼에 한 말 밥을 먹고 황소도 한 마리를 혼자 먹어 치운다는 전설을 남기고 있는 사람이다. 게다가 온몸이 철갑이어서 화살이 뚫고 들어가지 못해 힘이 장사인 그를 당해 낼 재간이 없어 병사들이 말만 들어도 벌벌 떨었다는 것이다.

이성계 장군은 남원 운봉에 도착하자마자 유난히 뾰족한 고봉산에 올라 3일간 목욕재개하고 제를 올린 후 황산에서 아지발도의 목을 쏘아 거꾸러뜨림으로써 승전의 기세를 잡는데 성공한다. 명궁인 이성계이긴 하지만 철가면을 벗겨야 명궁의 화살이 빛을 발할 텐데 도무지 가면을 벗지 않으니 기회를 엿볼 수가 없었다. 궁리 끝에 부장 퉁두라와 역할을 나누어 한 사람이 가면을 잡아매는 가느다란 실끈을 화살로 끊고 가면이 열리는 순간 목에 화살을 꽂았다니 가히 신궁이 아니고는 꿈도 꿀 수 없는 일 아닌가? 상황이 좀 부풀려졌다고 시비할 사람이 있을지 모르겠으나 분명한 것은 골칫거리이던 왜구를 완전히 섬멸하고 전승해서 나라를 위기에서 구했다는 사실이다. 이런 내용을 칭송하는 전승비이니 일본인들에게는 심히 보기 싫고 눈에 가시 같은 존재이지 않겠는가?

일본은 우리나라를 강점하고 못된 짓을 많이 했지만 특히 우리의 문화를 말살하고 민족의 얼을 완전히 밟아 죽이려고 광분했다. 특히 자신들의 패색이 짙어지기 시작하는 1940년대 전후부터는 악랄한 작태들을 구사하기 시작한다. 그 중 하나가 우리나라 전역에 퍼져 있는 수많은 척왜비들과 척왜의 상징물들을 완전히 지상에서 끌어내려는 음모였다. 이 황산대첩비는 그 중에서도 제거 대상 최우선 순위에 들어가는 대상물이 되었다. 처음에는 은밀히 자신들의 조직을 동원하여 훼손을 시작한다. 그리고 급기야는 훼파를 강력히 종용하고 압박하면서 군수가 직접 나서서 그 일을 진행하도록 명령한다.

당시 남원 군수였던 아버지(오해건)는 그 일의 부당함을 이렇게 주장하며 설득해서 훼파를 면했다.

"역사는 흔적을 없앤다고 없어지는 것이 아니다. 아무리 형체를 없앤들 사실은 사실대로 남아 있다. 지금 결국 당신들이 승리자로서 우리나라를 차지하고 내선 일체를 외치면서 왜 쓸데없는 일을 해 가지고 민심을 잃으려 하느냐? 지금은 전쟁 중인데 국력을 모으는 일에 아무 이득도 없는 일을 왜 하려 하느냐?" 유림은 아버지에게 박수를 보내고 격려하고 후원했다. 결국 아버지의 노력으로 황산대첩비는 일단 위기를 모면하고 의연히 서 있을 수 있게 되었다. 아버지의 언변은 당할 사람이 없다는 칭송을 받아왔다지만 이때의 아버지의 고뇌를 지켜본 오빠는 자기 아버지지만 그렇게 존경스럽고 위대해 보일 수가 없었다고 회고했다.

그런 와중에 1942년 2월에 내가 세상 구경을 하게 되었고, 유림은 임오 지월(1942년 음력 동짓달)에 70인의 유림들이 아버지의 쾌거에 대한 감사와 격려의 시문을 지어 한 권의 책으로 묶어 바친다. 당시의 유림 대표 노병인 선생이 서문을 쓴 이 책은 전쟁 중에 없어졌는지 원본을 찾을 수 없어 아쉬움을 남기고 있으나 그 서문과 한 분의 유림이 쓴 시 한 수가 남아 있다. 이 황산대첩비뿐만 아니라 만인의 총을 비롯한 남원 군내의 여러 척왜 시설과 민족문화유산에 대한 일제의 온갖 훼손 작업에 군수가 엄히 꾸짖어 지켜 내려오고 있음을 노병인 선생은 그 서문에서 밝히면서 칭송하고 있다. 훗날 여원재에 아버지의 송덕비도 세웠다는데 6.25때 폭격으로 파손되어 땅에 묻혀있다고 전해지고 있다. 그 책의 남은 자료들의 복사본을 오빠는 내게 전하고 세상을 떴다. 글을 쓰는 네가 아버지의 기록을 정리해서 꼭 책을 내드리라는 유언을 이제야 실행에 옮기려고 본격적인 준비를 시작했다. 아버지는 그 일과 다른 몇 가지 일제 비협조의 행적들이 죄목(?)이 되어 1943년 말에 파직당하고 물러났다. 돌도 못 지나고 내가 남원 땅을 떠난 연유가 된 사건이다.

국사편찬위원회가 일제강점기하의 향토사 발굴 작업의 일환으로 그런 자료들을 모은다기에 남원시의 연락을 받고 기꺼이 달려와 여기 서게 되었다. 남원시의 문화계장 최동렬 선생의 열성적인 역사 탐구 노력에 경의를 표하며 아버지 생각에 눈가를 적시고 있는 하루다. 완강히 반대하는 군수를 갈아치운 일제는 1943년 8월 '남원의 유림들의 민족적 자존심이 완고하기 때문에 유림을 숙정하고 반시국적 고적을 철거하라.'며 폭파를 지시하는 공문을 내려 보내고 이어 11월에 재차 또 재촉한다. 전임 군수의 반대 때문에 새 군수도 핑계를 좀 댈 수 있어서 그랬든지 어쨌든지 이곳의 황산대첩비는 전국에서 가장 마지막으로 훼파되는 기록을 갖게 된다. 아마도 유림이 아버지의 예를 들어가며 새 군수에게도 거부하도록 압박했을 것이다.

1945년 1월 17일 드디어 다이너마이트에 대첩비는 하늘을 찌르는 통곡소리로 종언을 고한다. 1973년에야 다시 세워진 현재의 비석을 아버지는 볼 수 없었다. 그때에 아버지는 이 세상 사람이었을지 아니었을지도 알 수 없다. 6.25때 납북되어 생사를 모르는 아버지가 지금은 100세를 훨씬 넘겼으니 아마 하늘에서 이 비를 보고 계실 것이다.

비석 앞에 자랑스러운 아버지와 나란히 서서 포즈를 취해본다. 어깨를 으쓱거리는 10살 소녀가 쉰네 살 아버지의 손목을 꼬옥 잡고 해맑게 웃고 있다.

(2013. 9.27)

제 가슴에 지르는 함성

아버지이….

마음껏 외치라는데 소리는 자꾸 속으로 기어 들어가고 목이 메어 와서 소리가 되어 나가주지 않는다. 한나절을 계속 울었는데도 눈물샘이 열려 버렸는지 연신 흘러내리는 물줄기로 얼굴은 범벅이 된 지 오래다. 들으실 분이 이제 많이 계시지 못하겠지만 북녘 땅까지 들리도록 우리의 그리운 아버지를 한번 힘껏 불러보자는 사회자의 선창에 따라 외쳐 보건만 선창이나 후창이나 한결같이 소리에 힘이 없고 큰 소리가 되어 주지 않는다. 외치고 있는 사람들의 평균 연령이 70이 넘었다는 것도 이유이겠으나 설움이 목에 걸려 소리가 나와 주지 않는 것이다. 오두산 통일전망대에 처음 온 것은 아니지만 오늘은 감회가 전혀 다르다. 같은 아픔을 지닌 사람들끼리 함께 모여서 찾아왔기 때문이고 그 아픔을 나라가 이제 기억해주고 인정해 주겠다는 결정이 난 후의 방문이어서 그렇다.

2012년 6월 28일 오전 10시 프레스센터 20층에는 62년 전 어이없이 빼앗긴 아버지들을 가슴에 묻은 사람들이 방안 가득 모여 앉았다. 아주 드물게 노모를 모시고 나온 사람들도 있다. 그들 역시 노인이다. 그 모친은 그래도 이런 날이나마 생전에 보았으니 그나마 행운이라고 해야 할지 모른다. 어머니 생각에 또 다른 가슴이 아려온다. 40년이 지났건만 어머니의 그림자만 떠올려도 가슴이 쓰리다. '6.25전쟁 납북자 가족의 날' 행사가 열리는 날이다. 오랜 세월 애써온 일부 가족들의 노력으로 오늘 이런 자리까지 만들 수 있게 된 것에 대해 미안하고 고마웠다. 진심으로 미안하다는 말을 전하고 앞으로 협조할 것을 약속했다. 내용을 자세히 알지도 못했지만 그저 막연히, 어머니도 이미 떠나버렸고 아버지도 연세가 워낙 많으니 이제 가망도 없다 싶어서 더 무관심하게 지냈던 것이 솔직한 심정이다. 생각만 해도 가슴이 아파 죽겠는데 소용도 없는 일을 자꾸 떠올려 상처를 헤집기 싫다는 것이 더 정확한 대답이 될 수도 있다.

북한 공산당은 남침해 온 후에 남한의 지식인을 대거 붙잡아서 북으로 데려가도록 사전에 치밀한 준비를 거쳐 미리 명령해 놓았고 그 계획하에 정부요인과 전 현직 관료, 지식인 및 전문인들을 납치해서 북으로 끌고 가거나 처형했다. 이러한 6.25전쟁 만행의 주범인 북한은 계속 자신들은 모르는 일이라고 발뺌을 함으로써 휴전협상 때 이 문제의 매듭을 풀지 못했던 것이다. 60년이 넘도록 피해 가족들만 냉가슴을 앓았지 우리들의 아픔을 이해해 주는 사람은 그렇게 많지 않았다. 그러는 동안 밥 멍덕을 아랫목에 묻어두고 남편을 기다리던 아내들은 하나둘 세상을 떴다. 이제 그 자녀들 중 최연소가 예순두 살이고 유복자가 예순한 살이 되었다. 가족들 중 생각이 앞선 사람들이 휴전 당사국인 미국의회에 탄원해서 청문회까지 이끌어 내고 피해자 가족 대표가 직접 미국 의회에서 증언했다. 그리고 UN에도 증언과 각종자료의 제공으로 탄원해서 국제사회를 움직였다. 우리 국회에 6.25전쟁납북피해 진상규명과 그에 따른 여러 조치를 포함한 입법을 10여 년 전부터 청원했으나 묵살당하다가 2010년에 드디어 법이 제정되었다. 국무총리실에 진상규명위원회를 설치하고 피해자 가족의 신청을 받아 정부가 6.25전쟁 납북피해자로 공식 인정하는 절차를 밟도록 일이 진행 중이다.

2부 행사를 마치고 주먹밥을 나누어 먹고 7대의 차에 올라 오두산을 향해 북으로 달린다. 사직공원을 지나 독립문 옆 고가도로 위를 지나고 있다. 오른쪽으로 내려다보이는 독립공원이 어디던가? 바로 서대문 형무소 자리가 아니더냐? 얼마 동안인지는 알 수 없으나 아버지가 잡혀 있었던 그곳이다. 여기서부터는 마음의 갈피를 잡기가 힘들다. 혹시 여기가 학살당한 자리는 아닌지, 여기쯤에서 포승줄에 묶여 처참한 죽음의 행군을 강요당하며 끌려가신 그 자리가 아닌지. 자유로를 달리면서도 무심한 한강을 보면서도 평정을 잃은 마음은 눈물만 쏟아내고 있다. 저녁이면 아버지를 부르며 뛰어가는 친구들을 보면서 부러움과 설움에 얼른 대문 안으로 숨어버려야 했던 어린 날의 기억도 이제 빛을 바래가고 있나 했더니 아직도 선명하기만 하다. 어머니가 눈치챌까 봐서 애써 명랑한 척해야 했던 어릿광대 같은 연기는 어쩌면 어머니를 더 슬프게 했을지도 모른다. 그렇게도 부러워했던 이름 아버지, 그 아버지를 한번 목놓아 소리 높여 불러 보자는데 왜 이렇게 소리가 안 나오는지, 무슨 조화 속인지 모르겠다.

아버지 지금 천국에서 제 소리가 들리시지요? 전망대 창밖의 정경은

속없이 바라보면 평화로운 한 폭의 그림 같습니다. 임진강 줄기를 가운데 두고 산야는 말없이 마주 보고 있을 뿐 한가롭기 그지없는 풍경입니다. 석양의 임진강은 아름답기만 합니다. 아버지, 62년 만에 아버지가 그 전쟁의 피해자라고 정부가 인정서를 발부하고 피해를 위로해 준다니, 기억해 주고 역사에 자리매김 하겠다니 그나마 기쁘게 받으시지요. 당하신 고초에 비하면 만 분의 일도 되지 못할 위로이지만 그래도 모른다고 하는 것보다야 낫지 않습니까? 생사를 모르기야 마찬가지지만 여기까지 오는데 60년이 넘게 걸렸습니다. 오늘이 그 6월 28일입니다. 한강다리가 끊기던 그날이요. 서울에 소련제 탱크가 들어오던 그날 말입니다.

아버지이….

목 놓아 부르며 그대로 한바탕 통곡할 수 있으면 좋으련만 그럴 용기는 또 없습니다. 아니 종일 울었더니 이제 가슴이 좀 진정이 됐나 봅니다. 저는 오늘 처음 제가 피해자가 아니라 아버지가 피해자라는 생각을 하면서 죄송했습니다. 아버지 없이 살아 온 제가 불쌍한 줄 알았는데 큰 포부도 펼쳐보지 못 하시고 가족과 헤어진 채 자유도 없는 그곳에서 엄청난 고초를 겪으셨을 아버지가 진정한 피해자셨습니다.

아버지이…

한 번만 불러주세요. 경자야, 사랑하는 내 딸아….

(2012. 6.)

그곳에
갈 수 없는 것은

바람만 스쳐도 아프다는 통풍처럼 건드리기만 하면 바로 어제 베인 것 같이 쓰리고 아프다. 핑계가 없어서 울음을 삼키고 있는 아이마냥 빌미만 있으면 눈물샘은 자동으로 열리고 닫힐 줄을 모른다. 오늘도 그 앞을 지나가면서 한 발짝도 들여놓지 못하고 지나친다. 높은 담장을 헐어내고 공원으로 조성해서 주민들의 사랑을 받고 있는 독립공원 앞이다.

은평구로 시집 와서 거기서만 살았으니 이 앞을 지나다니는 동안 강산은 네 번이나 바뀌었다. 붉은 벽돌담에서 회색으로 색깔은 달라졌지만 그동안 내내 높은 담이 세상과 그곳을 갈라놓고 있기는 마찬가지였다. 그때도 이 앞을 지나려면 마음이 편치는 않았지만 매일 출근을 하다 보니 좀 면역이 생겨서 견딜 만했다. 그러다 지하철이 생기면서부터 땅 위로 다니는 일이 줄어들면서 이래저래 심상해져 갔다.

1950년 9월 하순 어느 날이었을 것이다. 그 일이 있고 며칠 안 되어 9.28 수복이 되었던 것으로 기억하니까. 웬 낯선 아저씨가 우리집에 찾아와서 아버지를 찾았다. 아버지를 내무서원이 체포해 가고 나서 우리를 집에서 쫓아내 아주 손바닥만한 집에다 처박아 놓았을 때였다. 어머니는 잔뜩 겁먹은 얼굴로 그 어른을 왜 찾으며 누구냐고 묻고는 그는 그 어른은… 하면서 말을 더듬었다. 아마 우리한테 무슨 해를 끼치려고 아버지를 찾나 싶어서 그랬던 것 같다. 얼른 상황을 알아챈 그 아저씨는 아무 걱정하시지 말고 아무개가 왔노라고 말씀드리면 잘 아실 것이라고 했다. 자신은 아버지와 서대문 형무소에서 한방에 있었는데 아버지는 며칠 전에 불려 나가서 돌아오지 않기에 출감되신 줄 알았다는 설명이었다. 자기는 어제 풀려 나와서 오늘 곧바로 오 선생님을 뵈려고 달려왔노라고 했다. 이것이 내 생애 처음으로 들은 서대문 형무소라는 낱말이었고 아버지와 관련된 마지막 한 마디가 되고 말았다.

지금도 그날의 장면이 선명한 사진으로 망막에 박혀 있다. 지금 이 글을 쓰면서도 자꾸 눈이 흐려져 몇 번이나 쉬고 또 쉬면서 쓰고 있는지 모른다. 아주 민망한 표정으로 어머니를 차마 마주 바라보지 못하며 돌아서던 그 아저씨의 구부정한 모습이 눈에 선하다.

피난지에서 서울로 다시 돌아온 후 어머니는 내게 영천 쪽으로 가지 말라고 했다. 문산 쪽에서 미군 트럭이 자주 다닐 것이라 위험하다는 것이 이유였다. 무슨 일을 하지 않으려 하면 오히려 그렇게 되고 만다더니 어머니의 딸은 무악재 너머로 아예 시집을 왔다. 어디 그 뿐인가? 반세기가 돼가도록 그곳을 못 떠나고 터를 잡고 앉았다. 그러는 동안 서대문 형무소는 서울 교도소로 이름이 바뀌고 얼마 후에는 구치소가 되더니 도심에 없어야 좋은 시설이라고 안양으로 옮겨갔다. 그 공간을 어떻게 시민을 위한 시설로 활용할 것인가를 연구 검토한 끝에 역사성을 살려 독립공원으로 조성해서 오늘에 이르렀다. 일제 강점기 때 우리의 독립투

사들이 억울하게 옥살이를 하고 목숨을 잃은 원한 맺힌 역사의 현장이라는 것이 독립공원으로 조성된 까닭이다. 유난히 호기심이 많아 역사의 흔적들을 찾아다니기 좋아하는 내가 옛 건물들을 보존하고 있고 사형장 등도 공개되고 있다는데 그곳에 한 발자국도 걸음을 떼지 못하는 것은 아버지의 서러운 흔적이 거기 있어서이다.

이름 불려 나갔다는 아버지는 집에 돌아오지 못했으니 혹시 그 안 어딘가에서 학살을 당한 것은 아닌지, 혹은 목숨을 부지하고 북으로 끌려갔다 한들 그 안에서 겪었을 모진 고초가 떠올라 몸을 가누기 힘들 것 같아서이다. 그 안을 거닐며 류관순도 만나고 싶고 만해도 만나고 싶다. 춘원도 만나고 싶고 이름이 기억나지 않는 수많은 독립투사들을 만나 오늘이 있게 해 준 은혜에 감사하다는 인사도 올리고 싶다. 하지만 오늘도 내 발은 그곳을 지나며 애써 차도 쪽으로만 비켜가고 있다. 어머니의 모시 적삼이 서럽고 아버지의 포승에 묶인 모시 고의적삼이 애달파 목울대가 뜨거워 온다.

6.25가 환갑을 넘겼지만 그날의 아픈 상처는 어제인 양 아직도 서슬퍼렇게 아리다. 코흘리개 소녀가 칠순을 지났건만 가슴속 분노는 늙을 줄을 모른다. 고사포 터지는 소리에 놀라 떠는 어린 딸을 가슴에 품고 꼬옥 안아주며 놀라지 말라고 소곤대던 그 아버지의 음성을 한번만 더 들어봤으면 지금 죽어도 여한이 없겠다. 그 가슴이 사무치게 그리워 오늘도 그 앞을 비켜 지나갈 수밖에 없다. 걸음은 자꾸 게걸음이 되어가고 있다. 흘낏 돌린 시야에 하나 가득 들어온 것은 싱그러운 녹음이다. 그 안에서 설움을 먹어서 잎새는 더 푸르른가 보다. (2012. 6.)

언제나 통일로가
역사의 뒤안길이 될까?

녹번동 삼거리에서 북쪽을 향해 곧장 달리면 판문점까지 갈 수 있다. 신의주까지 갈 수 있는 길이지만 지금은 판문점에서 멈출 수밖에 없는 현실이다. 분단의 비극을 무언으로 증언하고 있는 길 그래서 붙여진 통일로라는 이름은 소망을 담고 있으면서도 슬픔을 함께 안고 있는 길이기도 하다. 6.25 때 우리의 지도자들을 강제로 납치하여 북으로 끌고 간 길도 여기고 9.28 수복 후 북진에 성공하여 평양에 태극기를 꽂은 자랑스런 이기자 부대가 힘차게 밀고 올라간 길도 이 길이다.

1972년 7월 7.4공동성명으로 금세 통일이 이루어질 것 같은 분위기로 온 국민의 마음이 한껏 부풀어 있던 10월, 허정숙을 비롯한 북의 대표단이 손을 흔들며 서울로 들어오던 길도 이 길이다. 아버지가 끌려갔을지도 모르는 이 길, 어머니가 아버지의 시체라도 찾겠다며 납북인사 가족들과 함께 초겨울 추위를 무릅쓰고 새벽부터 헤매고 다니던 길 거기가 바로 여기다.

열 살 어린 것이 처음 문산이라는 낯선 이름을 들은 지도 어언 64년이 되었다. 생과부가 된 어머니 그 때 나이의 곱절이 되어 가는데 통일은 아직도 오리무중이다. 통일로의 코스모스가 피고지다 지친지 오래다.

보건원 앞에서 그들 일행이 손을 흔들며 입성하는 광경을 보게 된 그 가을날 하늘은 왜 그리도 곱게 푸르던지, 그마저 야속할 정도로 분이 차올랐던 기억이 엊그제인 양 선명하다. 아니, 얼마나 많은 사람의 피가 한으로 맺힌 이 길을, 분단이 그대로인데 저들이 저토록 어깨를 펴고 의기양양하게 들어서다니, 이 꼴을 대책 없이 쳐다만 보고 서 있어야 하다니, 만감이 교차했다. 6.25 당시의 참상들이 눈앞에 어른거려 휘청거리는 몸을 가로수에 기대는데 눈물이 비 오듯 쏟아지며 통곡이 밀고 올라왔다. 아무리 참으려 해도 소리는 점점 더 커지고 참으려고 애쓰면 쓸수록 가슴만 터져 나갈 듯이 아팠다.

통일이 눈앞에 온 것 같아 반갑다가도 수년 전에 돌아가신 어머니가 가엾고 엄마가 없는데 통일이 무슨 소용인가 싶어 억울하고 원통해서 봇물처럼 밀고 올라오는 눈물은 그칠 줄을 몰랐다. 어깨를 감싸 안으며 눈물을 닦아 주는 사람이 있어 눈을 떠보니 일가댁 오빠의 장모님이었다. 젊은 여자가 하도 서럽게 울고 있어 누군가 했더니 사돈색시라며 함께 눈시울을 훔쳤다. 우리집 내력을 잘 아니 내가 왜 울고 있는지 너무 잘 알기에 그 분도 눈물을 훔칠 수밖에 없었으리라.

그 해 7월에 태어난 아들이 마흔셋이 되었는데 통일은 오리무중이고 북은 날로 악랄해지기만 하고 있으니 어찌해야 한단 말인가? 통일로가 역사의 뒤안길을 지키는 날이 빨리 와야 할 텐데, 개성으로 해주로 평양으로 신의주로 북을 향해 달리는 차가 밀려 교통체증을 중계하는 그런 날이 하루빨리 와야 할 텐데…. 속만 타는 동안 머리의 서리는 이제 아주 얼음이 되어 버렸다.

남북의 대표가 오가고 이산가족이 서로 오가고 드디어 남북이 하나 되어 자유롭게 오가는 그날을 죽기 전에 맞아야 할 텐데 언제나 그 복을 하나님은 허락하실 것인지, 몰라도 좋으니 빨리만 오게 해 주셨으면 좋겠다. 보건원 앞 그 가로수는 나무 위에 눈을 소복하게 꽃으로 달고 서 있다. 그 위로 겨울 같지 않게 푸른 하늘이 차일처럼 걸려 있다. 어디선가 구름 한 조각 흘러와 통일 통일이라고 쓰면서 흘러간다.

(2014. 1. 9.)

넉넉한 품에 안기리

어언 강산이 네 번이나 바뀌었다. 장수시대가 돼서 그리운 얼굴들을 그래도 많이 잃지는 않았다. 오히려 새로운 회원들이 늘어나면서 활기찬 모습으로 건강하다. 그 나무를 처음 심던 때가 떠오른다.

사임당기념행사의 예능대회에서 당선된 사람들로 구성되는 사임당클럽이 해마다 탄생되어 사임당을 모시고 클럽활동을 하고 있었다. 처음에는 대한주부클럽연합회의 각 클럽들이 가입해 들어와 연합회를 이루는 상향식 조직으로 잘 운영되고 있었다. 1974년에 수필로 입상한 이후 74클럽에서 활동하게 됐는데 박래현 사임당을 모시고 월례회에 참석하며 주부클럽의 여러 활동에 참여하고 있었다.

서예, 묵화 부문에 입상한 분들이 그런 자기해의 클럽 외에 묵향회를 조직하여 전문적으로 자기 분야의 역량을 기르는 재교육차원의 계획을 짜서 활동하는 것을 보면서 우리도 문학모임을 조직해야겠다는 생각을 하게 되었다. 묵향회를 조직해서 잘 운영하고 있는 서예가 노선 주영숙 선생님을 산파역으로 해서 시문회를 출범시키고 그 어른을 회장으로 모셨다. 묵향회를 자리 잡게 한 노하우를 전수받기 위함이었다. 단기간에 우리는 자리를 잡고 69클럽 정진수 선생님을 회장으로 옹립해서 시문회는 날개를 펴고 훨훨 날게 되었다. 그래서 연혁에 정진수 선생님을 초대 회장으로 쓰고 있지만 시문회 태동의 역사는 이렇게 이루어졌다. 그 때 자원해서 나와 함께 이 일을 맡아 열심히 뛰었던 69클럽 최정자 시인이 보고 싶다. 뉴욕에서 활발히 문단활동을 계속해서 작년에 펜클럽은 그에게 해외 동포문학상을 안겨주었다. 우리는 제 식구를 잊고 있는 사이 이웃에서 알고 챙겨주어 고마운 마음이다. 시문회라는 나무가 잘 자라 큰 그늘을 만들었으니 이제 그 품에 편안히 안겨도 좋을 것 같다.

(2014. 3. 29.)

고맙다는 말 한마디 못 하고

서울 거리가 예전과 같은 곳을 찾기 힘들지만 광화문 거리만은 크게 변하지 않아 이곳에 오면 마음이 편안해진다. 경복궁과 덕수궁 덕택인 듯하다. 고층 건물들이 들어서고 서울 시청사가 새로 지어지면서 확연히 달라지기는 했으나 그래도 옛 흔적이 거의 그대로 남아 있다고 할 만하다. 지금은 서울시 의회로 쓰이고 있는 옛 국회의사당 건물이 그대로 버티고 서 있어서 태평로 거리는 옛날을 지니고 있다.

교보문고에서 책 한 권을 사들고 남쪽으로 길을 건너 시적시적 걷는다. 동아일보 사옥이 일민 미술관으로 문패만 바꿔 달았지 그대로 자리를 지키고 있어 정겹다. 옆구리에 신식 건물을 지어 붙여 신문 박물관으로 큰 구실을 하고 있지만 애써 지워가며 길을 건넌다. 청계천을 복원해서 고가도로가 없어지는 바람에 훨씬 옛날과 비슷해졌지만 조형물을 세우고 개울로 내려가는 길도 일부러 파놓아서 어색하기 그지없다. 머릿속에 옛날 모습을 그려가며 걷는다. 소방서가 있던 자리에 고층 건물이 들어서면서 소방서는 숨었는지 다른 곳으로 이전을 했는지 얼른 눈에 띄지 않는다. 이내 언론회관 앞에 서니 감회가 새롭다.

55년 전 그날은 이곳에 낮은 건물의 서울신문사가 있었다. 신입생 환영회가 있다고 모이라 해서 인촌동상 앞에 갔다가 수건을 머리에 질끈 동여매고 대한민국의 자유민주주의를 수호하기 위해 결연히 일어섰다는 선배들의 연설을 듣고 그대로 교문을 밀고 나와 단숨에 이곳 당시의 국회의사당 앞 도로상에 우리 호랑이들은 털썩털썩 주저앉았다. 우리의 요구가 관철되기 전까지는 조금도 움직일 수 없다는 결연함으로 젊은 패기는 하늘을 찔렀다. 그 때 그 자리, 우리 여학생들에게 한가운데 자리를 내주며 빙 둘러싸 보호하고 앉았던 자리가 바로 여기쯤이다. 생각 같아서는 그 길바닥에 한번 앉아 보고 싶지만 붐비는 차량행렬을 뚫고 그런 만용을 부릴 수는 없는 노릇이다. 질주하는 차량소리가 그날의 함성이 되어 되살아난다. 그래 그날 우리의 함성이 오늘 이 도로에 차량의 소음 함성이 넘치도록 이 나라를 발전시켰다. 우리는 죽어서도 조상들 앞에 가서 그날 그 용기만은 칭찬해 달라고 떼를 써도 괜찮을성 싶다.

1960년 4월 18일에 이어 이튿날인 19일에도 아침부터 여기 와서 호랑이들 큰 무리 속에 앉아있던 나는 갑자기 코피가 터졌다. 남학생들에 부축되어 덕수궁 돌담 옆 작은 가게 앞의 펌프에서 물을 뿜어 이마를 씻고 긴급 처치를 받고서야 겨우 회복이 되었다. 손수건을 흠뻑 적시던 그 피를 조금 후에는 시발 차에 실려 오는 부상학생들의 몸에서 뚝뚝 흘러내리는 모습으로 만나게 된다. 평생을 두고 그때 나를 부축해 주었던 학생들에게 미안하고 고맙다는 인사 한마디 못했던 것이 어찌나 미안하고 후회스러웠는지 모른다. 그런데 몇 해 전 강 선배님으로부터 그날 자신도 그 사람들 중 하나였다는 회고를 듣고 뒤늦은 감사 인사를 드렸다.

비록 한 분이기는 하지만 얼마나 고맙고 반가웠는지 모른다.

4월 19일 오후에 서울신문사는 불탔고 그 후 새로 신문 회관이라는 이름으로 건물이 들어섰다. 1970년 바로 그 회관에서 나는 혼인식을 올리고 촉망받는 언론인 부부로 새 길을 걷기 시작했다. 남매를 낳아 기르며 그런대로 다복하게 잘 살았다. 대한민국은 발전했고 경제는 성장했으나 경제발전에 밀려 정치발전은 퇴보를 거듭했고 자유민주주의의 가치는 일정부분 유보되면서 다른 비극의 씨앗을 키웠다. 우여곡절 끝에 우리는 많은 것을 회복시켰다. 너무 많은 것을 누리게 되자 그 때를 모르는 세대들이 여러 가지 헛소리를 거침없이 내뱉는 자유까지도 만끽하는 나라가 되었다.

1960년 그날 그 함성이 들리는 듯하다. 우리는 그날 순수했고 진지했다. 자유민주주의 가치를 수호하려 했던 우리의 소망은 이루어졌다. 이제 통일만 하면 된다. 광화문 쪽을 바라보니 북악이 한 눈에 들어온다. 몸을 돌려 남쪽을 쳐다보니 목멱이 시야에 들어온다. 그래 명당이다. 이 서울에서 반드시 통일을 이끌어내게 될 것이다. 그날은 얼마나 큰 함성으로 이 거리가 떠나갈 만큼 소용돌이를 칠 것인가? 그 소리를 듣고 죽었으면 좋겠다.

(2015. 1. 24.)

새벽길

사람들이 어디론가 말없이 가고 있다. 이렇게 이른 새벽에 어디를 저렇게 가고 있을까? 집을 나서면서 참 극성스럽기도 하다는 생각에 계면쩍었는데 지하철역에 와보니 이미 지각생 같은 기분이 들 정도이다. 무슨 일들이 많아서 이 꼭두새벽에 저 많은 사람들이 첫차를 기다리는가? 너는 무엇 때문에 이렇게 일찍 나왔느냐는 물음이 메아리 되어 돌아온다. 일찍 잠에서 깨는 새가 벌레 한 마리라도 더 잡아먹을 수 있다는 경구를 실천이라도 하려는 것인가? 뭐 그토록 생산적인 이유도 아니다. 그저 가도 그만이고 안 가도 그만인 길을 뜨고 있는 중이다. 예전처럼 중요한 임무를 띤 출장도 아니고 생업은 더욱 아니다. 초대를 받았고 다리가 더 나빠지기 전에 부지런히 다녀야 후회가 없을 듯하여, 집에 있으면 손해 보는 듯한 기분으로 계속 우울할 것 같아 나선 길이다.

일터에 가는 사람도 있고 학교에 가는 학생들도 꽤 여럿 있는 것 같으나 무료해 보이는 이들도 끼어 있는 것 같다. 제 마음 따라 남의 마음도 짐작하는 것이 인지상정인데 아마 나 자신이 지금 무료한가 보다. 중요한 행사가 있어 가는 길이니 업무상 출장이라 할 수 있으나 현역이 아니니 다분히 관광을 겸한 나들이를 떠나는 것이 솔직한 심정이다. 예전 같으면 들뜨고 기분이 상쾌할 텐데 요즘은 도무지 흥분되는 일이 없이 모든 일이 무덤덤하다. 아무리 그러지 않으려고 마음을 다잡아도 이내 그런 상태인 자신을 발견하곤 또 그것 때문에 우울해진다. 새벽길을 가끔 떠날 때마다 모두들 어디를 저렇게 서둘러 가고 있을까 하는 생각을 하게 된다. 그것도 기어이 첫차를 타야 하는 것인지, 하기야 이런 부지런함 때문에 우리 민족이 이만큼 먹고 살 수 있게 되었음을 익히 알고 있지만 그들이 다 무엇을 하러 이 새벽에 나왔는가 하는 의문은 영 떠나지 않고 머리에 맴돈다.

어릴 적 새벽길의 첫 행선지는 관상쟁이 집이었다. 6.25때 납북된 아버지의 생사가 궁금한 어머니는 용하다는 사주관상쟁이의 집을 정신없이 찾아다녔는데 내가 아버지를 먼저 잃을 부선망 팔자인지 아닌지를 알아내기 위해 나를 앞장세워 나선 것이다. 올빼미처럼 밤을 꼴딱 새우다가도 새벽에는 세상없어도 눈을 붙여야 할 만큼 새벽잠이 많은 나로서는 그런 고역이 없었으나 가엾은 어머니를 실망시킬 수 없어 그 분부를 거역할 수 없었다. 수염이 노랗다 해서 노랑수염이라는 별명으로 불리던 그 노인은 당시 그 고장에서 꽤 유명세를 누리던 사람이었다. 줄을 길게 서야 할 뿐더러 첫 번째로 보아야 영기가 맑아서 더 잘 맞힌다는 믿음 때문에 첫새벽에 나선 것이다. 그때 들은 말 중에 지금도 기억나는 것은 내가 어머니를 먼저 잃을 팔자이고 어머니는 비단옷 입고 밤길 걷는 형국이며 발 탄 강아지 강변 헤매듯 한다는 묘한 말이었다. 겉은 멀쩡하게 좋아 보이건만 헛것이고 발이 뜨거워 펄펄 뛰는 강아지처럼 힘겹게 살아가는 형국이라는 것이다. 어린 나이였지만 어머니의 상황을 절묘할 정도로 딱 집어내는 그 노인이 참 용한 사람이라는 생각이 들면서 신기하기까지 했다. 부자였던 외할머니의 후광이 있고 오빠가 장성해서 생활비를 대고 있기는 했지만 어린 딸의 앞날과 자신의 앞길이 얼마나 염려 되었겠는가? 아버지가 돌아와 주지 않으면 암담한 앞날만이 기다리고 있을 것 같은 절박감으로 해서 그리움으로만 울고 있던 그동안의 심정과는 전혀 다른 색깔의 기다림이 가슴을 짓누르고 있었으리라.

그 후에 억지로 눈을 부비고 일어나 새벽길에 나섰던 것은 조기청소를 위한 발걸음이었다. 한 달에 한 번인가 일주일에 한 번인가는 기억이 희미한데 새벽에 모여 거리를 말끔히 청소하고 나면 일어날 때 찌뿌둥한 기분은 사라지고 몸이 가뿐해지며 날아갈 듯 상쾌했다. 그 다음으로는 겨울방학 때 체육선생님의 소집으로 불려나간 토끼사냥 길이다. 새벽에 모여 숨소리를 죽이며 산꼭대기에 올라 날이 샐 무렵이면 산 아래로 일거에 몰아내려갔지만 한 마리도 잡지 못했던 일은 지금 생각해도 웃음이 난다. 뿌연 새벽에 집을 나서는 등 뒤에 꽂은 집안 언니의 한마디가 적중한 것이다. "에라이 토끼가 너를 잡겠다."

토끼는 앞다리가 짧아서 어지간하면 한두 마리는 잡았을 텐데 얼마나 굼떴으면 전교생이 산을 훑어 내려왔는데도 빈손이었겠는가? 우리들의 새벽잠을 빼앗았던 체육선생님은 아직도 건재하시니 체력관리는 장수의 확실한 보증수표임에 틀림이 없나 보다.

그 후로는 어디 나들이를 하기 위해 이른 시간의 차를 타기 위한 것이 새벽길의 전부인 듯하니 치열한 새벽인생의 애환을 알 리 없이 살아

온 셈이다. 가끔은 일과 관련된 출장으로 새벽 첫차를 탄 적도 여러 번 있긴 하지만 생계와 직결된 일은 아니었으니 절박함과는 거리가 멀다.

환승역에서 사람들이 부산하게 타고 내린다. 한 노인이 힘겹게 짐을 들고 들어온다. 저 노인은 무엇을 하러 가고 있는가? 장사를 하러 가는 길인가? 아니면 자식들 집에 가는 길일까? 요즘 흔히 볼 수 있는 자그만 밀차에 실었으니 힘이 좀 덜 들지는 몰라도 힘에 부칠 것 같은데 이 이른 새벽에 들고 나섰을 때는 예사로운 일은 아님이 틀림없어 보인다. 빈손의 노인들도 꽤 많은데 며느리의 눈총을 피해서 집을 나온다는 세간의 말들을 뒷받침하는 광경인가? 섣부른 예측으로 민심을 흉흉하게 할 필요는 없다. 나처럼 저분들도 나름의 일들이 있어 나왔을 뿐인 것을 이러쿵저러쿵 할 것은 없다고 본다. 어딘지 모르게 새벽길의 치열함이 느껴지지 않아 이런저런 생각에 잠겨볼 뿐이다. 너는 어디로, 무엇을 위해 가고 있느냐? 지금 이 새벽에.

(2013. 7.)

4·18 바로 그날

-해가 지날수록 선명해지는 그날의 기억-

1960년 4월 고려대 신입생이 되어 1주일 동안의 오리엔테이션을 통해 응원가 교호 등을 함께 외치면서 고대인의 진면목을 체득해 가기 시작했다. 그 때 세상은 3·15부정선거 보도로 연일 부글부글 끓고 있었다. 신나게 교정을 누비고 다니다가 여학생회관인 금란회관으로 가는데 그 길목과 회관 안에 마산의 학생 김주열 군의 처참한 시신, 눈에 최루탄이 박힌 사진이 신문의 지면을 온통 도배하다시피 하고 있었다. '안 돼 절대 안 돼, 그냥 이대로 좌시할 순 없어.' 우리는 술렁대기 시작했고, 삼삼오오 모여 심각하게 토론을 벌이기 시작했다. 아마도 선배들이 무언가 움직임을 보이지 않겠느냐, 그러면 우리 1학년 학생들도 동참해야 한다는 내 주장에 모두들 고개를 끄덕이며, 흥분을 가라앉히려 애를 썼다.

4월 18일 1교시 수업 시간 시작 전에 선배들이 들어섰다. 수업을 끝내고 10시까지 인촌 동상 앞 운동장으로 모이라며, 우리들의 신입생 환영회가 열린다는 것이었다. '아 아! 그것이 오늘이로구나.' 정신이 번쩍 났다. 며칠 전 선배가 하던 말이 생각나서이다. 만약 모이라는 연락이

가면 이유 불문하고 많은 학생을 모두 권유해서 같이 모이도록 해야 한다고 다짐했던 것이었다. 수업을 듣는 둥 마는 둥 한 우리들은 가방을 들고 일어섰다. 대부분 모이러 간다 했지만 더러는 아침밥을 걸렀다고 도시락부터 먹고 가겠다는 것이 아닌가? 빵이라도 주겠지, 먹는 게 무슨 대수냐? 일단 가보고 그 옆 잔디밭에서 도시락을 먹어도 되는 일 아니겠느냐며 설득해서 몰이꾼처럼 뒤에서 모두를 앞세워 인촌 동상 앞으로 갔다. 가는 길에 교실마다 문을 열고 지금 모여야 한다는 말을 전하며 권고해서 함께 합류해 가며 본관 앞으로 갔다. 웬 여학생이, 그것도 꽤 예쁘거나 한 것도 아닌 뚱뚱한 여학생이 몰이꾼처럼 뒤에서 몰아세우니 할 수 없이 모두들 나서서 본관 앞 인촌 동상 앞으로 갔다. 여학교 때 학생회장의 본색이 드러난 순간이었다.

현장에 당도해 보니 분위기가 장난이 아니었다. 환영받을 신입생들은 한가운데 과별로 앉았는데 환영회 같은 따뜻한 기운이라고는 찾아볼 수 없고, 선배들은 머리에 고대라고 새긴 수건들을 동여매고 팔을 들어 올리며, 기세를 올리고 있는 게 아닌가? 이내 수건이 하나씩 우리들 손에 들려지고 선배들의 오늘 우리가 나서는 이유 설명과 경과보고 등이 채 끝나기도 전에 우리는 그 준비에 적극 찬동하며, 함께 일어서는 것에 동의한다며, 달려 나가기 시작했다. 참고 참았지만 우리의 자유·정의·진리의 실현을 위해 우리는 나설 수밖에 없다는 젊음의 포효는 안암의 언덕을 뒤흔들며, 노도처럼 교문을 박차고 국회의사당을 향해 달려 나갔다. 역사적인 4·18 선발대의 안암골 호랑이들의 출발이었다. 신입생 환영회 날로 거사 일을 잡은 선배들의 혜안이 적중했다. 한껏 부푼 대학 신입생, 열아홉 혈기보다 더 좋은 행동대원의 조건이 또 있겠는가? 1교시부터 학교에 오고 출석률은 거의 100%이니 다수가 시위를 벌이는 행동대의 선두로는 적격 중의 적격이다. 그날 만약 총격을 불사하는 시위진압이 있었다면 고대 신입생들은 거의 사상자가 됐을 그런 형국이었다. 혹자는 1학년이 무얼 안다고 4·18의 주요 구성원으로 볼 수 있느냐고 할지 모르지만 어불성설이다. 그날 1학년 신입생의 거대한 물결이 교문을 박차고 물밀 듯이 달려 나가지 않았으면 선배들의 기획이 아무리 훌륭했다 해도 효과가 그토록 극대화되기는 힘들었으리라고 생각한다. 아무튼 그날 우리는 자유·정의·진리를 외치며 의기충천했다.

대오가 좀 지척거리며 속도가 떨어지더니 잠시 멈추어 섰다. 뒤에 있는 우리들은 나중에 안 일이지만 현승종 학생처장께서 안암동 로타리에서 일단 행렬 앞에 막아선 때문이었다. 현 교수님은 학생들에게 여러분 뜻을 우리가 전하겠으니 학교로 돌아가라고 간곡히 권하시면서 학생들의 안위를 걱정하셨고, 학생들은 땅에 꿇어앉아 우리에게 가르치신 것은 이것이 아니지 않습니까? 라고 울먹이며 간청했다. 급박한 상황에서도 스승을 밀치는 만행도 없었고 극진한 제자에게 애정 가득한 스승은 강제로 해산시키지 않고 길을 터 주셨다. 역시 고대는 달라, 달라, 그 소식을 전해들은 행렬은 더 발걸음이 가벼워지면서 빨라졌다. 인도에 책가방을 든 채 걸어가는 학생들을 우리는 소리 높이 불렀다. 어서 행렬에 동참하라고. 나는 학도호국단 연대장의 기세를 그대로 살려서 어서 들어오라고 목청껏 외쳤다. 어느새 내 목소리가 선창이 되어 들어와, 들어와, 비겁해, 비겁해 하는 구호가 되어 물결쳤다. 그들은 얼굴을 감싸 쥐고 행렬에 합류했다. 몇 걸음 가지 않아서 소방차가 빨간 물을 여학생에게 뿌렸다. 약간 느슨해졌던 행렬이 갑자기 결집되면서 그까짓 빨간 물에 우리가 물러날 것 같으냐 어디 뿌려봐, 뿌려봐, 하고 고함쳤다. 물대포를 쏘는 소방차로 몰려가려 하는 학생들을 피해 오히려 소방차가 슬그머니 꽁무니를 뺐다. 그 후로는 아무 방해 없이 신설동 로타리쯤까지 걸었다. 조금 지체되는 듯하더니 이내 또 행렬은 움직이기 시작했다. 종로 5가쯤에서 인도로 올라서서 걷는 선두를 따라 옮겨 섰다. 종로 3가까지 거침없이 달려갔다. 거기서부터 방해가 시작되고 선배들은 인도로 쫓겨 들어온 우리들에게 악수하는 척 스쳐 지나가며 국회 앞으로 모여, 흩어져 각자가 조용히 가라고 빠르게 속삭였다. 조금 걷다 보니 행렬이 없어지면서, 옆으로 비키다가 아예 빠져 버리려는 학생들이 보이는 것 같았다.

나는 걸음을 멈추고 천천히 걸으면서 옆으로 빠지려는 학생들에게 선배들처럼 악수를 가장해 말을 전하고 '국회로' 라고 속삭이기를 계속했다. 주위를 두리번거리지 않고 눈으로만 살피려니 온 신경이 곤두서서 앞의 친구를 놓치는 바람에 잠시 방향감각을 잃어 갈림길에서 당황하기도 했으나, 화신 앞에서 제대로 길을 찾아 다시 걸으며, 속삭이기를 계속했다. 다행히 제지당하거나 조사받지 않고 국회 앞에 무사히 도착했다. 여학생들이 나타나자 남학생들이 환호하며, 가운데 자리를 비워놓았다며 앉게 해 주었다. 눈물이 날 정도로 감격스러웠다. 평소에 본 무뚝뚝한 모습이 아니어서였다. 계속해서 도착하는 학생들로 태평로 국회의사당 앞 아스팔트 길바닥은 거대한 용광로가 되어 갔다. 선배들의 연설, 여러 가지 발표문, 성명서, 격문 등이 이어졌던 것으로 기억된다. 당시의 자유당 모 정치인이 한마디 하겠다고 왔다가 단상에 오르지도 못하고 제지당하고 우리들의 야유세례만 받고 코를 싸쥐고 사라졌다. 유진오 총장께서 직접 우리들에게 여러분의 뜻을 반드시 전하겠으니 어서 학교로 돌아가 달라고 권고 말씀을 하셨으나 우리는 묵묵히 듣기만 할 뿐 미동도 않고 앉아 있었다. 이어서 민주당의 원내 총무를 맡고 있던 막강한 정치인 이철승 선배가 말문을 열었다.

'우리는 여러분의 뜻을 반드시 전하고 이루어지도록 노력하겠다, 장하다 우리 자랑스러운 고대 후배들이여! 시위는 내일도 모래도 할 수 있다. 저녁이 어두워지니, 이제 안심하고 모두들 돌아가 달라.'라는 요지의 당시 국회의원 이철승 선배의 말씀을 직접 듣고 태평로가 터져 나갈 듯한 환호성을 지르며 자리를 떴다. 이 때 여학생들은 돌아가라는 권유에 따라 집으로 돌아왔다. 그날 저녁 뉴스는 천일극장 앞에서 일어난 임화수 등 일당의 테러를 소리 높여 보도했고, 그 이튿날 4·19의 불을 지폈다.

4월 19일 아침 일찍 학교에 가서 교실을 돌아다니며 모이라고 전하고 다녔다. 우리는 일찍 학교를 떠나 국회의사당으로 향했는데 그날은 아무도 우리를 제지하지 않았다.

나는 지금도 바로 그 때 고려대학교 신입생이었음을 매우 영광스럽게 생각하며 세상을 바꾸는 거대한 역사의 수레바퀴를 직접 돌리는 대열의 선봉에 섰다는 데 자긍심을 갖고 있다. 한 가지 욕심이 있다면 이왕이면 역사에 한 줄 기록되고 죽었으면 좋겠다. 아무것도 바라지 않고 한 일로써, 나라를 바로 세우는 데 앞장선 것으로 족하지만, 어차피 정부가 기억해 주기로 한 바에야 빠지지 않고 이름 석 자 기록에 남기고 가고 싶다는 게 솔직한 심정이고 고백이고 소원이다. 또한 역사를 바로 남기고 가야 하는 소명도 이루는 일이라고 본다.

(2016. 1. 17.)

2

작은 행복

- 당신 정말 보고 싶네요
- 이제 누구와 먹으랴
- 살아야 할 이유
- 함께함이 전부인 걸
- 짝은 너만 좋은 줄 아니
- 작은 행복
- 주례사
- 격세지감
- 남편을 머리에 묻었더이까?

당신 정말 보고 싶네요

여보!

오늘이 무슨 날인지 아시기나 해요? 알고 있다고요, 한근이가 졸업생 대표로 답사를 한다는 것까지 다 알고 계신다구요, 아니 지금 듣고 보고 너무 기특해서 칭찬의 박수를 힘껏 치고 있는 중이라고요? 그래요 우리 손자 정말 잘했어요. 침착하고 또박또박 자신감 있는 태도가 좌중을 제압했어요, 훌륭한 지도력을 가진 것 같네요, 당신이 보았으면 얼마나 좋아했을까 싶은 생각에 코허리가 시큰해지더니 눈물샘을 제어할 제동장치는 아예 실종되어 버리고 주책없이 솟아나는 더운 물줄기에 눈이 벌겋도록 손수건만 애꿎게 적셔버렸지요.

저 아이가 제 어미 태중에 있을 때 당신은 며느리를 태우면 그렇게도 조심스럽고 부드럽게 운전을 해서 내가 비단결 운전이라고 놀림 반 칭찬 반의 찬사를 보낼 때가 엊그제 같은데 어느새 아이는 중학생이 되었고 당신은 내 곁을 떠나 하나님과 동행하고 계십니다 그려. 그때만 해도 건강해서 입덧할 동안 출퇴근을 많이 시켜주셨지요.

얼마나 당신이 보고 싶은지 당신은 모를 겁니다. 당신을 얼마나 사랑하고 있었는지 나도 잘 몰랐듯이 말이에요. 지난 가을 글벗들과의 여행길에서 「당신은 모르실 거야」라는 패티김의 노래를 신청했다가 당신은 모르실 거까지 부르고 울컥 울음이 밀고 올라와서 마이크를 꺼 버렸답니다. 맨 앞자리에 앉아서 부르던 터라 좌중이 눈치 채지 못해서 망신은 면했습니다만 어쩌면 그렇게 가슴이 미어지는지 얼마나 사랑했는지를 이어 부를 수가 없었습니다. 보내고서야 내 삶 자체가 당신에 대한 사랑이었음을 깨달았습니다. 그 숱한 역경을 이겨낼 수 있었던 것이 바로 사랑의 힘이었음을 그제서야 알았습니다. 사랑하는 부부 사이에는 동등이고 평등이고가 아무 소용이 없다는 것을 이제야 알았답니다.

잠시만 못 보아도 못 견디게 보고 싶어 안달이 나는 그런 것이 사랑인 줄 알았습니다. 한 번도 떨어져서 지낸 적이 없는 우리였기에 그런 감정을 느껴 볼 사이가 없었던 것을, 우리는 부부니까 그저 서로 걱정해가며 사는 그런 사이인 줄만 알고 살아왔어요. 그것이 바로 소중한 사랑인 것을 모르고 말입니다. 당신이 옆에 없다는 사실이 이렇게 견디기 힘든 고통인 것을, 당신의 존재 자체가 삶의 의미 바로 그것인 것을 왜 일찍 몰랐을까요? 아마도 나는 바보 중에서도 상 바보인 듯합니다. 그저 항상 그렇게 있을 줄만 알았어요. 별로 생각해 보지도 않았지만요. 세상만사가 끝이 있고 때가 있다는 것을 어찌 그리 생각조차 하지 못했을까요? 그렇게 속절없이 사라지는 것인 줄 알았더라면 귀찮다 하지 말고 좀 더 잘 해 드릴 걸 그랬어요. 손이 없냐고 해가면서 냉장고에서 꺼내 먹으면 되지 왜 일찍 들어와 밥 차려 달래느냐는 투정도 하지 말 것을 후회막급일 때는 그야말로 때는 이미 늦었더군요. 오금 박는 말도 하지 말 것을, 상처 주는 말도 참을 것을, 이왕 먹는 술 잔소리도 하지 말든지 아니면 아이처럼 강제로 끌고 대학 병원에 가서 그렇게 마셔도 간이 괜찮은지 검사를 해 보던지, 무슨 수를 쓸 일이지 매월 당뇨 때문에 동네 병원에 잘 다니니까 어련히 알아서 하겠나 하고 맡겨두었던 것이 화근이 되었으니 기막히기로 들면 내가 벌써 이 세상 사람이 아니어야 맞는데 속이 없어서 이렇게 멀쩡히 살아 있습니다.

세월이 약이라는 말이 진정 진리인가 봅니다. 땅속으로 꺼져 들어갈 것 같고 살아있을 이유가 없어서 온종일 나 좀 데려가라고 주문 외우듯 하고 지냈는데 그 청승기가 시나브로 엷어졌나 봅니다. 1주기를 지내고 약간 체념이 되는지 어쩌는지 당신 생각이 나도 그토록 서럽지는 않을 정도가 되어 가고 있는 듯합니다. 그래도 남 보기에는 꿋꿋해 보이게 지냈는데 손자의 자랑스러운 모습을 보니 설움의 둑이 무너져 내리고 말았습니다. 애들과 동떨어진 곳에 홀로 서 있었기에 추한 모습을 들키지 않아서 천만다행입니다. 사진을 찍는데 안사돈이 할아버지만 안 계시네 라면서 아쉬운 한 마디 말끝을 흐려도 눈물은 참아낼 수 있었습니다. 길에 지나다 노부부를 보면 저 사람들은 다 저렇게 같이 있는데 왜 나만 혼자인가 싶어 심한 박탈감에 분해서 견딜 수 없었는데 이제 부러움을 지나 참 보기 좋다고, 오래도록 아끼고 건강하게 사시라는 덕담이 마음속에서 우러나오는 정도가 되었으니 감사한 일입니다. 그런데 오늘은 당신 정말 보고 싶네요.

한주가 제 성적표를 보라면서 저도 종업식을 했는데 왜 오빠 졸업만 가지고 야단들이냐는 말에 모두 웃었습니다. '잘함'이 두 개라는 말에 공부를 잘 못했나 싶었더니 그 외에는 모두 다 '매우 잘함' 이라는 설명입니다. 공부도 잘하고 깜찍합니다. 당신이 떠나 모두 슬픔에 잠겼을 때 한주가 환자복을 입고 침대에 비스듬히 누운 당신을 그리고 머리 쪽에 '내 영혼 하늘나라 간다'고 쓰고 연기처럼 하늘로 올라가는 모양을 그려서 얼마나 신통하던지 슬픔 속에서도 대견하고 위로가 되었습니다. 한근에게 졸업 축하 편지를 전해 주고 한주에게도 종업식 축하로 5천원을 주었습니다. 왜 그렇게 조금 주었냐고요? 당신이 물려주고 간 것이 하도 많으니 그럴 수밖에 더 있습니까?

자 이제 그만 넋두리를 접어야겠네요, 석쇠에서 갈비가 맛있게 익어가고 있으니까요. 당신 생각 뚝 끊고 목 메이지 않게 잘 먹을게요. 매정한 여편네라고 욕하지 마세요. 이상한 낌새를 보이면 모두들 우울해지지 않겠어요? 나는 아주 능숙한 연기를 다시 시작하렵니다. 아무렇지 않고 여전히 씩씩한 사람으로 말입니다.

여보, 당신이 항상 나와 동행하고 다니니까 난 외롭지 않게 살다 갈게요. 염려하지 말고 편안히 기다리고 계세요. 안녕!

(2012. 2. 손자 한근의 초등학교 졸업식 날 저녁에)

이제
누구와
먹으랴

노각이 잘 생겼다. 먹음직해 보이는 잘 익은 것으로 두 개를 골랐다. 값을 치르고 채소 가게 문을 나서면서야 그것을 반겨 줄 사람이 없어졌음이 떠오른다.

새콤달콤 무쳐낸 노각나물을 상에 올리면 아아 맛있다는 탄성과 함께 밥 한 그릇을 뚝딱 비우던 남편이 이 세상에 없는 것이다. 이럴 줄 알았더라면 작년 여름에 원없이 무쳐 줄 것을 유난히 바빠서 노각나물도 자주 해주지 못했던 것 같아 미안하다.

이제 누구와 저 나물을 무쳐 먹으랴. 먹은들 그저 오이 맛뿐이겠지. 냉장고를 지키다 버리게 되지 않으려면 아이들이라도 빨리 와야 할 텐데….

(2011. 8. 8.)

살아야 할 이유

장마가 너무 오래 끄니까 지루해서인지 마음이 자꾸 가라앉으며서 깊은 곳으로 빨려 들어가는 느낌이다. 유리창에 흘러내리는 빗물을 쳐다보다가 문득 헤밍웨이가 이해된다는 생각이 스치고 지나간다. 그래 그가 죽을 수밖에 없었을 거야. 괜히 욕할 일이 아니었던 거야. 하면서 꽤나 철이 든 자신을 발견한 듯한 흐뭇함까지 느껴진다. 자신이 과거처럼 왕성하게 일할 수 없다는 사실을 확인하는 것은 잔인한 일이다. 모르긴 해도 그 역시 지금 나처럼 자기가 할 일이 없다는 생각, 아니 꼭 이 세상에 살아남아 있어야 할 이유가 발견되지 않는 그런 허망함에서 용기를 냈는지도 모를 일이다. 나는 그런 용기도 없고 구체적으로 어떻게 해 보겠다는 계획이 있는 것도 아니다. 그냥 갑자기 그가 이해되면서 그래 살아있어야 할 이유를 찾지 못하는 것은 서러운 일이라는 생각에 사로잡혀 있다.

남편이 세상을 떠난 지 반년 남짓 지나는 동안 세상이 그저 재미없을 뿐이었지 이렇게 살아있을 이유가 없다는 극단적인 생각까지는 들지 않았었는데 아무래도 날씨 탓인가 보다. 나보다 한 달쯤 먼저 혼자 된 선배가 정신과의사와 미리 상담을 하는 것이 좋다고 해서 만나고 왔노라며 내게도 미리 상담하라고 권할 때 대접상 대답만 하면서 나는 달라 뭐 그렇게 약한 소리를 하나, 하고 흘려버렸다. 그런데 오늘 내 모양은 참으로 이상하다. 평소의 나답지 않아 내심 놀라지 않을 수 없다. 부부라는 것이 함께 살아가는 그 자체가 바로 행복이고 존재 이유인 것을 반쪽을 상실한 후에야 깨닫고 오열했다. 가슴이 저미도록 보고 싶고 다시 볼 수 없다는 사실이 도저히 받아들여지지 않고 예리한 칼끝이 되어 심장을 후벼 놓는다. 게다가 다른 사람은 옆에 지니고 있는데 나만 없다는 현실은 마치 어린 시절 아끼는 장난감을 빼앗긴 기분과 흡사하다. 치졸한 비유라고 할지 모르지만 당해보기 전에는 이해가 되지 않으나 사실인데 어이하랴.

우리 내외는 자살사건을 대할 때마다 유별나게 미워하고 질타했다. 그런데 남편이 투병 끝자락에 얼마나 아팠으면 자는 나를 깨워서 그 여자가 누구냐고 물었다. 얼마 전 통증에 시달리다 못해 자살한 행복전도사 최윤희가 떠오르며 이해가 되는데 이름이 생각나지 않아 깨웠다는 것이었다. 그토록 고통스러운데 아내인 나는 아무것도 해 줄 수 없고 옆에서 잠에 취해 있었음이 얼마나 미안했던지 미안하다는 말만 되뇌며 그 밤을 밝혔다. 자살하는 사람의 마음을 알 것 같다는 남편에 이어 이제 내가 그와 같은 생각을 하고 있는 것이다. 하지만 막연한 그런 생각도 이내 하나님, 아니 이게 무슨 망발이란 말씀입니까? 죄송합니다. 제 것이 아닌, 아버지의 것인 제 목숨을 가지고 마치 제 것인 양 이러쿵저러쿵해서 죄송합니다. 살 이유가 없다니요, 하나님이 보내셨으니 그것이 살 이유고요, 살아있을 이유가 없는 것이 아니라 아이들을 위해서 기도하는 어미로 살아야지요, 그럼요 잘 알고 있지요, 그런데 무슨 쓸데없는 소리냐고요? 글쎄 말입니다. 제가 기도하지 않아서 마귀의 속삭임이 파고 들어올 틈을 주었나 봅니다. 하나님 저를 지켜주세요.

정신없이 중얼거리고 나니 마음이 좀 가벼워진다. 나도 모르게 기분이 올라갔다 내려갔다 한다. 예수를 안 믿었더라면 일 저지르기 딱 좋은 여자가 아니고 무엇이란 말인가. 옛날의 순장제도를 떠올려본다. 남편을 따라 생매장을 당해야 하는 여자의 운명, 아무리 생각해도 말이 안 되는 일인데 어떻게 그런 세상이 다 있었다는 것인지

궂은비는 속절없이 유리창만 닦아내고 있다. 마음도 저토록 열심히 닦아내고 세상에 보내신 사명이 무엇인지 깨닫는 은혜를 받고 싶다.

(2011. 7.)

함께 함이
전부인 걸

노부부가 앞서거니 뒤서거니 서로를 챙겨가며 걸어가는 모습이 보기 좋아 앞지르지 않으려고 천천히 따라간다. 무슨 할 말이 그렇게 많은지 가끔씩 마주보아가며 계속 도란거린다. 고개를 끄덕이기도 하고 가볍게 머리를 젖히며 웃기도 하는 것으로 보아 즐거운 화제인가 보다. 손자의 기막힌 말 한마디가 저들을 감동시키고 있는지도 모른다.

횡단보도 앞에 신호를 기다리고 서 있는데 중년 부부가 짐을 서로 들라며 티격태격하다가 점점 언성이 높아지더니 신호가 떨어지기 무섭게 짐을 그 자리에 놓아둔 채 서둘러 건너가 버린다. 건너가서 서로 또 다투더니 두 사람이 되돌아 길을 건너간다. 그 뒷모습을 보면서 추하다는 생각보다는 슬며시 참 좋은 때라는 부러움이 앞선다. 이 무슨 객쩍은 생각인가 싶어 싱겁게 웃으며 걸음을 옮긴다. 노부부는 행복하고 저 중년 부부는 불행할까? 짐 하나 드는 하찮은 일로 티격대는 중년 부부가 오히려 행복할 수도 있다. 오순도순 정담을 나누며 길을 함께 걷는 노부부가 속마음에 보이지 않는 문제들을 안고 있을 수도 있고, 어떤 고뇌들까지도 다 감싸 안고 의연하게 함께 인생길을 걸어가고 있는, 진정 행복을 누리는 경지일 수도 있다.

전혀 다른 환경에서 자란 두 남녀가 만나 한평생을 함께 살아간다는 일은 참 대단한 일이다. 성격도 다르고 생활습관이 다르며 생각의 틀 등이 모두 다르다. 가치관이 다르고 각자의 인생관이 다르다. 이런 이질적인 것들을 초기에는 사랑이라는 것으로 다 덮고 녹여서 멋모르고 산다 치더라도 그 꺼풀이 벗겨지고 난 후에는 오로지 생활이라는 현실만이 크게 확대되어 그들의 삶 전체를 덮어버리는 것이 우리네 보통 사람들의 현실이 아닐는지.

부부, 이 두 글자의 진정한 정체는 과연 무엇일까? 아니 나는 어떤 부부로 살았나? 우리가 살아온 내면과 사람들 눈에 비친 외면이 같을까, 다를까? 지금 저들 두 부부의 모양새가 마치 색동 베를 짜듯이 수시로 교차하며 내면과 외면을 부지런히 장식했을 것이다. 속으로는 다투면서 겉으로는 화목한 척 하는가 하면 속으로는 행복하면서 겉으로는 부족한 척 남편을 몰아세우고 토닥거렸을 것이다.

생각해 보면 반대로 행동하며 생각했을 때가 더 많은 것 같은데 왜 그랬는지 알 수 없는 일이다. 강산이 네 번이나 바뀌는 짧지 않은 세월 동안 과연 무엇을 붙들고 함께 걸어왔을까? 그 푯대는 무엇이고 붙잡고 온 지푸라기는 어떤 것이었을까? 아이들을 잘 길러서 어엿하게 세상에 드러내 놓아야 하는 것이 목표이고, 내일은 좀 더 나아지리라는 희망이 두 물음에 대한 대답이다. 목표는 흡족하게 이루었는데 더 나아지리라는 지푸라기는 아무리 부피가 많아져도 만족할 줄 모르고 계속 목말라 했다. 부부란 함께 있다는 그 사실만으로 충분히 행복한 것이라는 것을 알게 됐을 때는 안타깝게도 홀로 남은 후였다.

남편이 더 출세하지 못하는 것이 약올랐고, 경제적으로 풍족하게 해주지 못하는 것이 미웠다. 성격이나 습관이 반대인 것이 많지만 별로 불편하지 않고 그런 것들로는 갈등하지 않았다. 그 때마다 싸웠지만 그것은 오히려 정을 나누는 일이기도 했던 셈이다. 취미가 같은 것도 많지만 다른 것이 더 많아도 그런 것들은 서로 잘 양보하고 맞춰주는 경우였다. 서로가 딴 여자나 남자를 생각한 것 같지 않으니 깊은 갈등거리나 고민은 없었다.

그런데 막상 그가 떠난 후에야 출세나 경제적 풍요 따위는 아무것도 아니고 부부란 오직 함께 옆에 존재한다는 것. 바로 그것이 부부의 전체 의미임을 절감하고 통탄했다. 그 사실에 대해 감격하고 감사하지 못한 미련함에 대해서 몸을 떨며 후회했다. 마치 불타버린 집터에서 잿더미를 바라보며 오열하는 형국이다. 하찮은 음식이라도 맛있다고 감격하며 먹어 주던 사람이 없다는 것이 불행임을 알았을 때 다시는 그 행복을 누릴 수 없었다. 나라는 사람이 옆에 있어야 편안해 하는 단 한 사람 그가 남편임을 알았을 때 그는 이미 이 세상에 없었다. 이렇게 애절하게 생각날지 알았으면 열일 제쳐놓고 그가 원하는 것들을 좀 더 챙겨주고 잘해 줄 것을, 아무리 후회한들 아무 소용이 없다. 다시 해보고 싶어도 할 상대가 없다는 것이 이토록 가슴 저미는 일인 것을 왜 그때는 몰랐을까? 야속하기 그지없다.

부부, 그것은 함께 살고 있다는 그 자체가 의미의 전부이다. 그 이상도 이하도 아니다. 그 이외의 것들은 부수적이고, 장식 같은 것이다.

젊은 부부가 유모차를 밀며 다정하게 걸어온다. 웃는 얼굴에 행복이라고 쓰여 있는 것 같다. 그래 큰 아이는 남편이 안고 나는 딸아이를 태운 유모차를 밀며 뒷동산으로 저녁 산책을 나갔을 때 누군가가 시기해서 이 순간의 행복을 앗아가면 어떡하나 하는 두려움이 가볍게 머리를 스쳤던 기억을 잊지 못한다. 지금도 선명한 그림으로 남아 있다. 전혀 빛이 바랠 줄을 모르는 한 장의 엽서처럼.

어깨에 손이 얹어진다. 아직도 이렇게 늦게 다니느냐, 피곤하지 않느냐, 몸 생각도 하면서 이제 좀 덜 다녀라, 세상은 당신 없어도 돌아가게 돼 있으니 부르는 대로 다 다니지 말라고 소곤댄다. 노을 비낀 하늘에 어느새 올라갔는지 어깨에 얹혔던 손이 가볍게 흔들린다. 어서 집에 가서 편히 쉬란다. 쓸데없는 생각일랑 다 버리고 가란다. 그래 부부는 이런 것이구나.

노부부는 여전히 천천히 걸어간다. 서로의 걸음에 속도를 맞춰가면서….

(2013. 2. 13.)

짝은 너만 좋은 줄 아니

이 세상에 짝이 있는 것도 있고 없는 것도 있을지는 모르겠으나 어지간한 것은 모두 짝이 있고 그것이 세상을 영원하게 이어가게 하는 근원이 아닌가 한다. 사람만 그런 것이 아니라 동물은 말할 것도 없고 식물도 암수의 조화 속에 번식해 나간다. 동물은 움직이는 것이니 저희들이 짝을 찾아 나서지만 식물은 움직이지 못하니 벌 나비든 바람이든 외부의 매개체에 의해서 암수가 만나 후손을 번식시키며 종족을 이어간다. 그 과정에서 보이지 않지만 그들은 나름대로 활기를 띠며 살아가고 있는 것이다.

창조주는 무슨 생각에서 이렇게 다양한 방법으로 번식의 수단을 만드셨는지 모르지만 참 재미있지 않은가? 한 꽃송이 속에 암술 수술이 있어도 그것이 스스로 흔들려서 교배되기 보다는 벌 나비가 이리저리 옮겨 앉으면서 그 작은 발끝에 그 가루들을 묻혀서 그 식물의 번식을 돕는다. 바람에 의한 것도 멀리 멀리 날아가게 만드는 것이 대부분이지만 그 중에는 멀리 못 가는 것이 있어 암수 나무가 가까이서 마주 보아야 번식하게 만든 것은 아무리 생각해도 기이하고 장난스러운 일이라는 생각이 든다.

창밖의 은행나무가 한껏 왕성한 푸른 차일을 펼치고 있다. 때마침 불어오는 바람에 흔들리니 마치 파도치는 녹색 바다가 누워 있는 것 같다. 더운 바람을 아랑곳하지 않고 밖으로 나와 은행나무 밑에 섰다. 하늘로 쭉쭉 뻗은 수나무와 양팔을 기도하듯 옆으로 벌려 마치 하늘을 떠받치는 몸짓마냥 하늘을 감싸듯이 받쳐 올린 모습을 한 암나무가 잘 섞여 늘어서 있다. 암나무의 잎사귀는 갈라진 끝이 둥글둥글하고 수나무는 뾰족하다는 것을 안 지가 불과 몇 년 전 일일 정도의 문외한이지만 은행나무는 반드시 암나무와 수나무가 마주하고 있어야 열매를 맺는다는 것만은 초등학교 때 배워 일찍부터 알고 있었다. 파란 열매들이 많이 달렸지만 잎인지 열매인지 얼른 구분되지 않는다. 열매로 하여 훨씬 풍성한 나무, 작은 은행 숲을 바라보면서 미안하고 가엾어진다. 사람들이 저 은행나무에서 은행열매를 없애는 만행을 만행인지도 모르고 아무런 죄의식도 없이 저지르려 하고 있어서이다. 대단한 연구의 산물인양, 매우 지혜로운 아이디어인양 자랑스레 발표하는 모양이 가관이다.

은행나무는 그 잎이 가을이면 노랗게 물들어 늦가을까지 황홀경을 연출해 주다가 겨울을 맞아들여 우리 손에 넘겨주고 가는 낙엽의 대명사다. 그 때문인지 가로수로 사랑받는 나무이다. 그 열매인 은행은 거담작용이 강하다 하여 기관지 등에 좋다고 약재로 쓰이기도 하고 여러 음식에 고명으로 장식용으로 쓰이는 등 여러 가지 용도로 하여 크게 대접받는 고가의 열매이다. 서울에 은행나무 가로수가 늘어나면서 거리에서 은행을 줍는 여인들을 많이 볼 수 있었다. 세상에 요새는 여자가 은행을 털었다는 말에 깜짝 놀라면 '저기 봐 여자들이 은행을 털고 있잖아?' 은행나무를 흔들고 있는 여인을 가리키는 친구는 심상하게 중얼거리고 놀란 쪽은 실없이 웃던 광경도 이제 보기 어렵게 생겼다.

서울시는 광화문 광장 조성 때 모조리 뽑아낸 은행나무 가로수를 다시 심기로 했는데 열매가 맺지 못하도록 수나무만을 심겠다는 계획을 발표했다. 사라진 은행나무 가로수에 대한 아쉬움에서 불만을 토로하는 여론이 많아 다시 심기로 한 것은 환영할 일일 수 있으나 수나무만을 심겠다는 발표를 듣는 순간 울컥 화가 치밀었다.

병아리의 암수 감별을 연구해 내서 아예 태어나자마자 수컷들은 죽여버리는 잔인한 일이 이제는 아예 관심에도 없는 일상사가 되어버린 지 오래다. 그러더니 이제는 아예 처음부터 수나무만을 심어 집단 홀아비촌을 만들겠다니 기막힌 일이 아니냐 말이다. 자신들만의 편의를 위한 이기적 교만이 언제까지, 어디까지 이르러야 인간이 창조질서의 지엄함을 깨달을 수 있을까? 짝 없이 사는 것이 얼마나 고행길인지 알기나 하고 그런 짓들을 하려는 것인지 묻고 싶다. 나무가 무엇을 안다고 헛소리하느냐고 할지 모르지만 그것이야말로 아무것도 모르고 하는 소리이다. 들어보라 저 은행나무들의 함성을 '짝은 너만 좋은 줄 아니?

(2013. 8. 10.)

작은 행복

산 너머 저 쪽에 있을 것 같던 행복을 만나지 못한 것 같은 착각 속에서 어리석게도 아까운 세월을 다 허송해버렸다. 행복은 저 건너 산 너머에 있는 것이 아니라 항상 곁에 있었다. 자신의 존재를 눈치채지 못한 채 항상 불만으로 자기를 기다리는 주인의 탐욕을 원망스럽게 바라보다가 그도 머리에 서리를 이었는지도 모르겠다. 아아 이것이 행복이로구나 하고 아주 작은 일에서 그 실체를 확인할 때는 이미 그와 즐길 시간이 얼마 남지 않았을 때이다. 이른 아침이 아니라도, 점심 때쯤에 만이라도 눈치를 챘으면 좋으련만 해가 서산 너머로 꼴깍 숨으려 하기 직전쯤이나 돼야 그가 바로 곁에 있음을 알게 되는 혜안이 열리는 모양이다.

친구 손녀의 고교 졸업 미술 작품전을 보고 아이들과 함께 북한산 자락에 저녁을 먹으러 왔다. 집에서 가까운 거리인데도 처음 와보는 곳이다. 어지간히 많이도 다녔건만 여기서는 남편의 흔적을 찾을 수 없다. 어디를 가나 그의 그림자가 드리워 마음이 무거웠는데 여기는 전혀 처음인 곳이라 그가 더욱 생각난다. 저 맑은 계곡을 보고 질렀을 아이 같은 탄성을 들을 수 없음이 슬프고, 독특한 오리고기 맛이 좋으니 아 맛있다며 소주 한잔을 찾았을 천진한 얼굴을 볼 수 없음에 가슴이 미어진다. 애써 심상한 척 아이들의 재담에 귀를 기울이려 애쓰며 저녁을 맛있게 먹었다. 오늘 저녁은 내가 손주들에게 사 먹이고 싶었는데 모처럼 아들 내외가 베푸는 식탁을 즐기고 싶어 지갑열기를 뒤로 미뤘다. 자식 대접을 받고 싶어 하는 것을 보니 이제 확실히 늙기는 늙었나 보다.

손녀가 제 아비 손을 잡고 콧소리를 하며 몸을 꼬고, 손자는 제 어미 키를 넘보며 싱글거리고 서 있다. 아이들이 계곡이 내려다보이는 곳에 돗자리를 펴주며 나를 앉혀 놓고 산 위로 올라간다. 신발도 부실하지만 다리가 휘청거려 못 이기는 체 하고 앉았다. 아들딸이 어리던 신혼시절에 어느 날 모처럼 일찍 귀가한 남편과 함께 아이들을 데리고 올라갔던, 기자촌 뒷동산이었던 북한산자락의 신비한 고요가 몸을 휩싼다. 아들은 남편이 목에 목마를 태우고 딸은 유모차에 태워 내가 밀고 올라갔던 그 길이 지금은 뉴타운으로 어디에 숨었는지 흔적도 찾기 어렵게 되었다.

그날 저녁 여름의 늦은 해도 자취를 감춘 것 같은 어스름에 그 산속의 고요는 신비라는 말로밖에 표현할 길이 없다. 산도 숲도 하늘까지도 그림 같은 우리 모습에 숨을 멈추었던 것 같다. 순간 이렇게 행복해도 되는 것인가 싶고 누가 훔쳐가면 어쩌나 하는 불안감으로 주위를 둘러보기도 했던 기억이 선명하다. 그대로 그 숲에서 한 장의 그림이라는 생각이 들면서 만인이 나를 위해 박수를 보낼 것 같은 환상에만 빠졌을 뿐 감사의 대상을 찾지는 못했던 것 같다. 그것이 바로 저 선 너머의 행복이라는 것까지는 생각이 발전하지 못했기에 이내 또 집으로 내려오는 순간 현실적 불만에 휩싸이고 말았다. 그 저녁의 행복감이 지금 이 늙은 아낙을 휘감고 있다.

아이들이 재잘대며 내려온다. 내가 걱정이 되어 멀리 가지 못했나 보다. 이래저래 짐만 된다는 생각이 들자 마음이 씁쓸해진다. 아이들은 내 마음을 안다는 듯 옆에 자리 잡고 앉아 내게 관심을 보이려 애쓴다. 그것이 좋으면서도 부담스럽다. 이 마음도 교만일 수 있다. 그냥 좋으면 그것으로 그만일 것이지 자식에게 뭐 그렇게 부담을 느낄 필요가 있는가? 그래 마음을 다스리는 노력을 더 해야 할 것 같다. 큰비가 온 뒤라서 맑은 물이 콸콸 흘러내리니 풍덩 그 속에 들어가 멱 한번 감았으면 소원이 없을 성 싶은 심정이다. 건강하게 잘 자라는 아이들, 이번처럼 무섭게 쏟아지는 빗속에서도 끄떡없는 거처가 있다는 것, 이렇게 함께 저녁 한 끼를 먹고 흐뭇할 수 있는 가족이 있음이 얼마나 소중한 행복인가? 산 너머가 아닌 바로 내 곁에 아주 작은 행복은 소리 없이 찾아와 있었다. 아들은 더 큰 기둥이 되고 손자 손녀는 든든한 이 나라의 인재로 자라주면, 그것을 지켜보는 것만으로도 행복은 커질 것이니 건강만 챙기면 된다. 살아야 할 이유가 별로 없는 것 같아 우울했던 며칠이 오간데 없던 일이 되었다. 언제 그런 생각을 했었냐는 듯이 마음이 가벼워지며 밥을 잘 챙겨 먹어야겠다는 생각이 든다.

미국 검정물이 먹고 싶다는 손자에게 돈을 꺼내 주며 더 먹고 싶은 것 없냐고 묻는 노파의 목소리는 괜히 떨리고 있다. 사이다가 오히려 나을 것이라는 푸념을 하면서 여름날 이른 저녁이 이처럼 아름다운 것을 신혼 시절 그날 저녁 이후 오늘에야 느껴 본다. 옆에서 남편이 살포시 어깨에 손을 얹는다. 어머 이이가, 꿈인가 싶어 올려다보니 내 머리 위로 훌쩍 올라선 손자의 장난스런 미소가 거기 있다. 행복의 원천이 거기 있다.

(2011. 8.)

주례사

홍○○, 정○○ 씨 댁과 오○○, 신○○ 씨 댁의 혼례식에 주례를 맡게 된 영광에 감사를 드립니다. 오늘 여기 모이신 여러 하객님들의 마음을 대표해서 몇 말씀 주례사로 드리겠습니다.

홍○○ 신랑은 이 여자하고 혼인하면 인생을 즐겁게 살 수 있을 것 같아서이고 오○○ 신부는 신랑이 부모님의 싸우는 모습을 한 번도 본 적이 없이 자랐다는 말에 화목한 가정을 이룰 수 있을 것 같아 혼인하기로 결심했다 하니 얼마나 멋있는 젊은이들입니까?

부부라는 것은 두 사람이 하나처럼 살아야 하는 매우 어려운 관계이다. 물리적 결합만으로는 반쪽의 부부이고 화학적 결합이 일어나서 둘이 완전히 녹아져서 하나가 되어야 명실상부한 부부이고 행복한 일생을 보낼 수 있게 된다.

당부

1. 신뢰

무조건 믿어라.

비밀을 만들지 말라.

고의적으로 보이는 일도 실수거니 하고 덮어라.

조건 없이 주라.

2. 협동

서로에게 도움이 되는 사람이 되라, 먼저 도움을 주라. 서로가 돕는 배필이 될 수 있다.

손해나는 일을 저질렀을 때는 나의 일로 알고 감당하라.

해 주기를 기다리지 말고 내가 먼저 하라.

3. 존중

사랑은 무례히 행치 않는다.

남녀의 사랑은 계속 최면을 걸지 않으면 식고 만다.

자존심을 상하게 하지 말라. 부모님도 자존심 싸움을 하지 말라.

양가가 서로 존중하라.

4, 사소한 일로 자주 다투라.

서로의 합일점을 만들어 가는 과정이 부부 생활이니까 작은 일로는 티격태격 하면서 사랑도 키우되 크고 중요한 일로는 싸우지 말고 진지하게 지혜를 모으라. 역지사지해 보면 어지간한 일은 다 이해된다.

싸우지 않으려고 최선의 노력을 다 하되 부득이 싸우면 해를 넘기지 말고, 아니 시간을 넘기지 말고 사과하라. 자존심 싸움하지 말라. 초장에 잡으려다가 아예 초장부터 삐꺽거리기 십상이다. 불행의 시초가 될 수도 있다.

5. 상대를 바꾸려 하지 말라.

사람은 안 바뀐다. 다름을 인정하고 내가 맞다고 생각하지 말라. 맞추어 가며 사는 것이 부부관계이다

6. 긍정적으로 바라보라.

상대가 하는 일은 일단 옳다고 인정하면 만사형통이다.

7. 세월을 낭비하지 말고 아끼라.

인생은 사랑하기에도 짧은 것이니 잠시라도 미워하지 말라.

인생은 편도, 왕복이 없다.

인생은 실전이다. 연습이 없다.

인생은 연극무대 열연해서 호평 받고 기억에 남는 주연이 되라.

후회 없이 치열하게 살아라.

부부생활도 무덤덤하게 하지 말라. 뜨겁게 사랑하며 살아라.

결혼은 교향악이다. 훌륭한 하모니를 이루는 오케스트라가 되라.

많은 것을 요구하지 말고 내가 다 할 일이라고 생각하고 먼저 하라.

자녀들을 훌륭하게 키우며 양가부모님을 똑같이 극진히 모셔라. 내 부

모에게 잘 해 줄 때 진정 남편이, 아내가 고맙고 사랑스럽다.

부모님들은 모든 일을 두 사람에게 맡기고 인내하며 지켜보시기만 하고 보호하려 하지 마시라. 이제 이들은 진정한 성인이다. 아주 중요한 일에는 강권적으로 개입해서 좋은 부부가 될 수 있도록 하는 방풍림이 되어 주시기 바란다. 부모님과 여기 오늘 귀한 걸음을 하신 어른들께 진정으로 감사하고 보답하는 것은 행복하게 부럽게 잘살며 해로하는 것이다. 두 분의 사랑을 축하한다.

그렇게 실천하고 사느냐고 수백의 눈동자가 화살되어 찌른다. 신랑신부의 행복만을 빈다고 가슴으로 대답하며 서 있다.

오죽 반대로만 살았으면 이토록 술술 말이 이어지겠는가?

격세지감

박근혜 대통령이 중국 인민군의 열병을 받았다. 격세지감이라는 말은 이럴 때 쓰라고 예비되었나 보다. 중국이 죽의 장막을 걷어 낸 후 한중 수교가 이루어지고 서울 상공에서 중국의 오성기를 보았을 때의 충격을 기억한다. 6.25 전쟁 때 중공군의 인해전술만 아니었으면 통일이 이루어졌을 것이라는 아쉬움을 떨쳐내지 못하는 우리 세대로서는 곧 증오의 깃발이었던 그것이 거침없이 펄럭이는 현실을 도저히 용납하기 힘들었다. 그 후로 4반세기쯤 지난 오늘 우리 대통령이 북한을 제치고 시진핑 중국 주석의 최 지근거리, 러시아 바로 다음 자리에 서서 중국군의 열병을 받는 예우를 받았다. 국제정치는 힘에 의해 좌우된다는 것쯤 상식이지만 생시가 맞나 꼬집어 볼 지경이다.

미 중일 관계를 고려해서 신중한 외교 전략을 구사해야 한다는 제언들이 봇물 터지듯 쏟아지고 있다. 국정을 책임진 분들의 탁월한 능력을 믿어보기로 하고 우선 우리들이 할 일들을 생각해 본다. 모처럼 조성된 한 중의 좋은 관계를 잘 살려나가는 것은 중요한 일이고 이로운 일일 것이다. 관광산업에서 중국을 빼고 얘기가 안 되는 추세는 어제 오늘이 아니다. 세계를 향해 문을 열 당시의 낙후된 나라가 아닌, 무섭게 발전하는 나라 중국, 그 실체를 잘 모르고 우리가 좀 나은 것 같대서 거만하게 굴던 수년 전의 우리 모습을 더 이상 보여 주었다가는 하루아침에 모든 것을 다 잃을 수도 있다. 그런 상대가 중국이라는 나라라고 생각한다.

대통령의 말 속에서 우리 통일에 관해 깊이 있는 논의가 있었던 것을 감지하게 되면서 가슴이 떨리고 머리가 띵해진다. 잘하면 수년 안에 우리 자신의 현실에 대해 격세지감을 느낀다는 말을 하게 될지도 모른다는 예감 때문이다. 꿈같은 일이 벌어져 입이 다물어지지 않는 그날이 어서 왔으면 좋겠다. 죽기 전에 정말 보고 싶다. 구순을 바라보는 선배가 통일을 보기 전에는 죽을 수 없으니 통일을 빨리 이루어 주시라고 기도한다며 울먹이던 모습이 떠오른다. 그날 모두는 눈시울을 붉히며 숙연해졌다.

그렇다 격세지감이 우리 것이 되리라 믿고 기도하자. 하나님이 하시려고 만하면 그 순간 홀연히 꿈은 이루어질 것이다. 통일은 더 이상 먼 꿈이 아니라 어쩌면 바로 우리 눈앞에 와서 미소 짓고 있는지도 모를 일이다. 더 이상 꿈이 아니라 이루어질 수 있는, 아니 이미 다 이루어진 일이라는 자신감을 갖고 맞이할 준비를 해야 할 것 같기도 하다.

자 힘을 내자 함께 손잡고 나가보자 통일을 마중하러 손잡고 나가보자. 진정 격세지감을 느낄 수 있을 그날을 하루 속히 만나기를 기원한다. 광복 70년, 분단 70년, 희비쌍곡선의 야릇한 운명이지만 그동안 변하기도 무던히 많이 변했다.

(2015. 9. 7.)

남편을 머리에 묻었더이까?

사람은 누구나 죽지만 어리석어서 그것을 잊고 산다. 어쩌면 그 사실을 평소에 잊고 지낼 수 있는 것이 크게 다행일 수도 있다. 이 아름다운 세상, 그리고 사랑하는 사람들을 뒤에 두고 홀로 떠나야 한다는 것을 항상 머릿속에 지니고 다닌다면 태반은 우울증에 걸려 지레 죽을지도 모른다.

꽃샘추위가 앙탈을 부리는 봄의 길목에서 우리는 또 하나의 글벗을 잃고 망연자실한다. 재작년 박정애 선생이 세상을 버렸을 때 유난히도 애달파 하더니 자신의 차례를 예감이라도 했더란 말인가? 홀연히 들려온 와병 소식에 걱정을 하면서도 털고 일어날 줄 알았다. 더구나 모임에 자주 빠지는 터라 뒤늦게 소식에 접했을 때는 면회도 어려운 상황이었지만 왜 그런지 다시 볼 수 있을 것 같기만 했다. 속마음 깊은 것을 익히 알기에 그 저력으로 털고 일어날 줄 알았다.

그런 기대는 아직 현대의학이 만족시켜 줄 수준이 못되는 모양이다. 기어이 목련을 못 보고 눈을 감고 말았다. 수필가 오혜정은 훌훌 털고 우리 곁을 떠났다. 남편을 먼저 보내고 속으로 울던 그의 슬픔을 우리는 이미 잊었지만 그는 남편을 머리에 묻었더란 말인가? 뇌암이라는 청천 벽력과도 같은 진단을 받았을 때 이미 그는 자신의 운명을 예측했을 지도 모른다. 고향 서산에 저온창고와 냉동고를 짓고 향토발전에 기여하던 사업가 남편을 도와 열심히 내조 하면서도 왕성한 작품 활동을 펴온 그는 시문회 회장으로도 봉사했다. 행사 때면 기념품 수건을 만들어 주며 아내와 그의 글벗들을 격려해 주던 남편을 홀연히 하늘로 보내고 오혜정은 절반 죽었던 거다.

아들을 해병대에 자원입대 시켜놓고 노심초사하던 중 훈련 스트레스로 어려움을 겪는 아들을 격려해서 바로 세운 모정은 수선스럽지 않고 단아했다. 그 후로 잘 견디며 글을 쓰기에 잠잠해진 줄 알았던 오혜정의 마음속 풍랑이 머리로 올라간 것을 모두는 몰랐던 것이다. 재작년에 돌아가신 박정애 회원의 문상 길에서부터 그 어른의 추모에 열과 성을 다하더니 그예 자신이 그 뒤를 따르고 말다니. 박정애 선생의 유고집 출간에 얼마나 성의를 보였으면 그 유족이 감복했다 했을까?

옆에 있어 푸근하고 정다웠던 글벗 하나가 또 우리 곁을 떠났다. 첫 번 수필집을 상재하고는 무척 좋아하며 글벗들을 교외로 불러 모아 독특한 출판기념회를 하더니 이제 다시는 그의 체취 담긴 그런 잔치에 초대될 수 없이 되었다. 야무지게 다문 입매의 영정사진이 남의 것 같아 보인다. 그 입매는 아무리 보아도 이렇게 일찍 떠날 사람의 것이 아닌 것 같아 보여서이다.

강의가 있는 날이라 마지막까지 배웅하지 못함이 못내 아쉽고 미안하다. 이제 우리는 다정한 글벗을 가슴에 묻고 언제까지일지 모르는 남은 길을 묵묵히 그리고 열심히 살아야 할 뿐이다. 시문회라는 인연으로 만나 좋은 선후배로 사랑을 나누며 지낼 수 있었던 지난날들에 무한히 감사드린다. 하늘에 가서 이미 그 분의 따뜻한 품에 안겨 있을 오혜정을 우리가 공연히 슬퍼하고 있는 것도 덕이 안 될 것이니 마음을 가다듬고 그가 남기고 싶었던 고별사가 무엇일까 생각해 보며 그를 진심으로 추모하고 싶다.

언젠가 세상 떠나는 날 누구나 듣고 싶은 말은 무엇일까? "참 괜찮았던 사람인데" 정도면 고마울 것 같다. 그래 참 괜찮았던 사람 수필가 오혜정이 떠나는 날 꽃샘추위도 잠잠하고 몰려오던 비소식도 간 곳 없이 사라졌다.

잘 가시오 친구여, 하늘 그곳 좋거든, 남편 옆자리 따뜻하거든 글 한 편 써서 보내시구려. 시문회 원고 마감일이 3월 31일로 연기됐다 하오.

(013년 3월 25일 남은 사람이.)

3

지금 잠이 옵니까

- 네가 살면 그를 죽여
- 경마공원의 하루
- 계절이 바뀌듯 이제 좀
- 고모가 없네
- 자업자득
- 지금 잠이 옵니까?
- 백모 3년
- 불지 말았으면

네가 살면
그를 죽여

사람이 한 세상 사는 동안 액운을 만나지 않고 사는 것이 얼마나 큰 행운인가를 실감나게 하는 영화 한 편을 보았다.

6살 정도의 지능을 가진 청소원이 비오는 날 앞서가던 어린아이가 빗길에 넘어져 혼절해 있는 것을 보고 응급처치를 시도한다. 심폐소생술을 알고 있었던 것이 이 착한 사내의 운명을 졸지에 나락으로 떨어뜨리는 빌미가 될 줄을 누가 알았으랴? 아이의 입에 입을 대고 호흡을 불어넣어 소생시키려는 시도를 하는 순간, 곁을 지나가던 여인이 아동성폭행 현장인 것으로 착각하고 놀라서 달려가 신고를 한다. 그 사이 아이는 숨을 거둔다. 좀 전에 미끄러져 넘어질 때 아이는 이미 뇌진탕을 일으켰던 것이다.

좋은 일을 하려다 영문도 모른 채 성폭행범이 되어 갇히게 된 주인공은 천진할 정도로 수감생활을 잘 해 나간다. 죽은 아이가 경찰 고위 간부의 딸이어서 수사를 긴급히 종결하느라 방증 수사도 제대로 안하고 얼른 이 지적 장애인을 진범으로 만들어버렸다. 국선 변호인은 오히려 범인을 더 범인 되게 만들려 하고 주인공은 어린 딸 하나만 둔 사고무친이다 보니 아무도 그를 도와 줄 사람은 없다. 그런 상황을 지켜보며 그의 수감생활을 관찰한 교도관이 그가 무죄라는 확신을 갖고 수사기록을 추적하며 구명을 위해 애를 쓴다.

수감생활 중에 종교 활동 중에 위문공연을 온 어린이들 중에 자신의 딸이 노래 부르는 모습을 발견한 주인공이 미칠 듯 딸을 찾는다. 이에 동료 수감자들이 아이를 몰래 빼돌려서 감방으로 데려와 숨겨놓고 같이 지내게 하는 헤프닝을 벌이는 장면이 현실성이 떨어지지만 큰 감동으로 관객의 눈시울을 적신다. 딸을 보자 살아야겠다는 집념이 생겨 그동안 교도관이 설득해 온 새로운 도전, 즉 자신이 범인이 아님을 적극적으로 밝히는 일에 나서기로 결심한다. 교도관은 수사 자료를 근거로 주인공이 범인이 아님을 증명하고 감방 동료들은 그에게 법정에서의 진술과정을 철저히 연습시키는 노력을 계속한다. 지성이면 감천이라 했던가. 주인공은 부족한 지능이라는 한계를 뛰어넘어 자신의 구명을 위한 일련의 계획에 잘 적응해 가서 동료들은 마음을 놓게 된다.

재판이 가까워지자. 죽은 아이의 아버지인 경찰 고위 간부가 범인을 직접 찾아와서 만약에 범인이 아니라고 발뺌을 해서 살아나가면 대신 네 딸을 죽이겠노라고 협박한다. 자신이 살면 딸이 죽는다는 기막힌 갈림길에서 누구에게 말도 못하고 고민하던 주인공은 태연한 척 동료들을 안심시키고 법정에 선다. 모두 숨을 죽이고 심문의 마지막 답을 기다리는 사람들의 귀를 때린 것은 놀랍게도 자신이 범인이라는 주인공의 청천벽력과도 같은 한 마디였다. 감방에서 아빠 죽으면 안 된다는 딸의 비명을 뒤로하고 형장으로 향하는 범인의 모습이 멀어지는 것으로 화면은 바뀐다.

그 딸이 장성하여 사법연수원생이 되고 자신의 졸업 모의재판에 사형당한 아버지의 사건을 가지고 나서서 아버지의 무죄를 밝혀낸다. 비록 실제로 주인공을 살려낼 수는 없는 일이지만 많은 시사점을 던져주는 이야기다. 자신의 딸의 죽음이 억울하고 한이 맺히겠지만 사건을 뒤집으면 네 딸을 죽이겠다는 협박은 치졸하기 그지없는 인간 말종의 행동이 아니고 무엇이란 말인가? 깡패도 큰 깡패는 안 하는 짓이다. 동네 골목이나 누비는 조무래기 깡패의 수준이다. 감방에 갇힌 극한 상황의 사람들을 통해 이야기를 풀어가면서 진솔한 인간애의 면모들을 소박하게 담아내는데 세칭 바보의 순진무구한 행동을 매개로 했다는데 구성의 기발함이 돋보이는 작품이다.

어느 교회에서 새로 모셔온 담임목사의 자격 시비가 일어났는데 별 흠결 없는 목사를 일부 절차의 아주 작은 일을 빌미로 압박하다가 드디어 쫓아내는데 성공했다. 그 대단한 일의 결말을 낸 해당 교단의 재판국이라는 데서 한 행동이 딱 이 영화의 경찰고위간부, 그 사람의 것과 너무도 흡사해서 쓴 웃음이 나온다. 목사의 선서를 행한 노회의 처사에는 하자가 없을 뿐더러 그런 일은 노회의 고유 임무이므로 아무 문제가 없다. 이러한 판결 주문에 이어 해괴하게도 합의문이라는 것이 붙어있는데 해당 목사는 지금의 교회에서 즉각 사임하고 당해 노회 밖에서만 목회를 해야 하고 소를 제기한 장로는 소를 취하하라는 것이었다. 이 말을 듣는 순간 왜 어제 본 영화 「7번방의 선물」이 생각나서 가슴이 먹먹해 오는지 모르겠다.

어떻게 종교인들이 이럴 수가 있느냐는 넋두리에 돌아온 대답이 더 슬프게 한다. 그러지 않아도 그 목사님 사모님을 위로하려고 7번방의 선물을 함께 보러 갔는데 사모님이 어찌나 우는지 민망해서 혼났다는 늙지도 젊지도 않은 권사의 일그러진 얼굴에 주인공의 얼굴이 겹쳐 지나간다. 참 괜찮은 영화 한 편 보고 마음이 맑아졌다가 다시 흐림이 되어버렸다. 영화 주인공인, 억울한 그 사내에게는 문제의 그 현장이 액운의 빌미가 되었다면 곤욕을 치른 그 목사에게는 청빙의 손을 내민 문제의 교회가 액운의 빌미가 된 셈이다. 70평생 사는 동안 억울한 일들도 많이 겪었지만 이런 액운은 만나지 않고 살아온 것에 새삼 감사할 일이다.

오늘도 수없이 많은 7번방의 선물이 일어나고 있는 세상에 살고 있는 것이 아니었으면 좋겠는데 가슴은 자꾸 먹먹하기만 하다.

(2013. 4.)

경마공원의 하루

평소 무심히 지나치기만 했던 경마공원역에 내리면서 공연히 마음이 설렌다. 전혀 관심을 갖지 않았던 곳이었는데 임원으로 취임한 대학 동창의 초청으로 견학차 방문을 한다는 사실이 여러 가지로 기분을 들뜨게 만들고 있는 것 같다. 사행성이라고만 생각하고 있던 경마라는 것에 대한 잠재의식 속의 거부감을 제치고 한번 가보고 싶다는 호기심이 발길을 인도하고 있는 중이다. 동물을 별로 사랑하지 못하고 무서워하는 성미라서 더 서먹한 기분을 들게 하기도 한다. 그런데 이상하게도 경마장을 한 바퀴 돌아볼 수 있다는 말에 꼭 가보고 싶어졌다.

친구들을 만나 함께 경마공원 안으로 들어가려니 50년 전 금곡릉으로 소풍 가던 생각이 나서 혼자 피식 웃었다. 나무 계단을 오르며 운치 있게 꾸며 놓았다는 생각에 경마가 갖고 있던 각박한 이미지가 좀 퇴색되는 것 같은 기분이 들었다. 다리가 편안치 않은 것을 애써 숨기며 힘겹게 올라오니 친구가 기다리고 서 있다. 정중한 안내를 받으며 버스에 올랐다. 경내를 한 바퀴 도는데 풍광이 꽤 좋다. 봄이면 웬만한 벚꽃길보다 아름다워서 많은 인파가 몰려온다는 설명이다.

특별 배려로 마사에 들어갔는데 냄새 하나 전혀 없이 얼마나 깨끗하고 정갈한지 오히려 이상했다. 처음 우리를 맞은 것은 몸무게 1톤을 자랑하는 거구의 말이었다. 힘이 세어서 옛날에는 전쟁터에서 대포를 날랐다니 기가 막힐 일이었다. 바로 그 앞에는 아주 작은 말이 있어서 새끼인 줄 알았더니 작은 종의 말이란다. 거짓말 좀 보태면 큰 세파트만한 정도의 크기였다. 그런 작은 말들이 몇 마리 있는데 모두 종이 달라서 참 귀한 구경을 했다. 그 중에는 아이들과 노는 말도 있다니 애완동물 애호가들이 사들이고 싶다고 법석을 하는 날이 올지도 모르겠다는 생각이 들기도 했다.

말마다 특색이 있는데 전 세계적으로 약 200여 종의 말이 있다는 것도 처음 알았다. 갈기가 유난히 길고 풍성해서 목덜미를 휘감을 정도라 바람에 휘날리는 말갈기 덕에 위용을 자랑한다는 말도 있다. 갈기가 등줄기를 따라 길게 나있는데 짧고 말의 피부가 아름다운 색색이어서 눈에 띄는 말도 있다. 우윳빛 바탕에 중간 갈색의 작은 점이 흩뿌리듯 박혀 있는 말은 정말 아름답다. 울긋불긋한 의상을 즐겨 입는 인디언들이 사랑하고 좋아하는 말이란다. 눈 익은 모습의 기름기 흐르는 진갈색의 준마도 있다. 신사를 연상시키는 모습이 매력적이다.

병균의 침입이 염려되어 사람의 출입을 통제한다는 특별구역에 들어가 말들의 휴식을 방해한 것 같아 미안했다. 하지만 원산지가 모두 다른 여러 종류의 말을 만나 본 것은 큰 행운이 아닐 수 없으니 친구의 호의에 감사할 뿐이다. 임신 중인데 출산일을 정확히 알 수 없어 비상 대기 중이라는 귀하신 말을 끝으로 마사를 나왔다. 말들의 의료시설까지 돌아

보는데 발목을 다쳐 깁스를 하고 서 있는 말을 보니 딱하기도 하고 희안하기도 했다. 여러 장비들을 갖춘 의료실을 안내하는 보건소장님의 자상한 설명 속에는 말에 대한 깊은 사랑이 배어 있어 가슴이 따뜻했다.

본관으로 들어가 식당에서 점심을 먹고 경마를 배웠다. 부장님의 친절한 설명으로 공부를 끝내고 마권을 사기 위한 작업에 들어갔다. 책과 화면을 통해서 말을 고르는 일인데 쉽지 않지만 재미있었다. 배당금은 2차이고 내가 택한 말이 1등으로 들어와야 기분이 좋을 것 같았다. 여러 가지를 다 보아야 한다는 설명에도 아랑곳 하지 않고 확률과 말의 이름이 마음에 드는지만 확인하고 점을 찍어 나갔다. 마권 넉 장을 사들고 앉아 말이 달려나오자 열띤 응원을 하느라 찬바람도 마다하지 않았건만 한 마리 경주마만 내게 기쁨을 안겨 주었다. 다른 사람들도 나처럼 그 말에 많이 걸어서 배당금은 10% 밖에 되지 않았지만 1등을 해주어 내 뜻을 이루었으니 기뻤다. 마권 3장 값은 기부한 셈이다. 처음부터 노름 기분으로 한 일이 아니기에 기부인 것이다. 기분이 좋았다. 그야말로 친구 말대로 건전한 레저 스포츠를 즐긴 것이다. 우리 동창들은 평균 1만원 정도 씩의 돈으로 유쾌한 시간을 갖고 자리를 떴다. 오늘 내신 돈 속에는 세금도 많이 포함되어 있으니 애국했다는 국장님의 덕담을 뒤로 하고 문을 나서는 경마공원에는 어느새 봄기운이 저만치서 우리에게 손을 흔들고 서 있다.

(2012. 2.)

계절이 바뀌듯 이제 좀

서늘한 기운에 이불을 끌어당긴 듯싶은데 잠이 깊이 들었던가 보다. 눈부신 햇살에 눈을 뜨니 8시가 가까운 시간이다. 몇 년 만에 자본 늦잠인가? 기억이 가물가물하다. 방학이니 오늘이 무슨 요일인가부터 헤아려 보며 신경쓸 필요가 없어 느긋한 마음으로 팔을 쭈욱 뻗어 올려 본다. 어김없이 계절이 바뀌고 있는 것이다. 새벽녘에 가벼운 한기가 들어 무의식적으로 이불자락을 끌어다 덮은 걸 보니 가을의 전령사가 바로 곁에 와 있음을 무언으로 전하고 있음이다. 더위를 몹시 타서 여름 이불이 제대로 구실을 못한 채 요 한쪽 구석에 그냥 놓여만 있을 뿐이었는데 본능적으로 덮었으니 인간의 본능은 참 신기하고도 오묘한 것이 아닐 수 없다.

자연사다 아니다를 놓고 설왕설래 하게 하면서 온 나라를 들끓게 한 그 시신의 주인공도 이런 한기에 끌어다 덮을 이불이 없어 저체온증으로 죽었다는 상상이 가능할 수 있다는 객쩍은 생각을 해 보면서 제발 이제 바뀐 계절처럼 우리네 세상, 이 암울한 2014년 대한민국의 분위기도 확 바뀔 때가 되었다는 생각이 강하게 머리를 드는 아침이다. 저 힘찬 햇살처럼 우리에게도 희망의 햇살이 준비되어 있을 텐데 이제 더 이상 그를 기다리게 해서는 안 된다. 구름을 걷어내고 그를 모셔 들여야 한다. 부모가 돌아가도 졸곡이라는 것이 있고 국상이 나도 마찬가지다. 유가족의 아픔을 외면해서가 아니라 그들이나 우리나 이 세상을 살아가야 할 수밖에 없다는 엄연한 현실에 이제 눈을 떠야 한다.

정치를 하겠다는 사람들, 나라를 가장 사랑하는 것처럼 입에 거품을 무는 그 대단한 어른들께서도 이제 정신을 좀 차리고 인기나 표 같은 것 잠시 내려놓고 무엇이 진정 나라를 바로 서게 하는 것인지 양심에 손을 얹고 생각해 볼 것을 주문한다. 정치권의 말대로 약 2년 세월이 선거가 없는 기간이라 하니 마침 잘 되지 않았는가? 눈앞의 이익을 위해 나라를 뒷전으로 업신여기지 않고도 모처럼 소신껏 애국 한번 해볼 수 있는 절호의 기회가 아니겠는가? 제발 애꿎은 백성들 고생 그만 시키고 어떻게 하면 나라를 잘 되게 할 것인가에만 초점을 맞추고, 설령 돌을 맞을지라도 그것이 나라에 도움이 되면 용감하게 말하고 실행에 옮길 수 있는 정치 지도자들을 많이 만나는 가을이었으면 좋겠다.

국립과학수사연구소가 시신의 지문이 맞고 유전자가 아들과 맞다고 공식적으로 발표했는데도 불구하고 시신 바꿔치기의 괴담이 돌아다니는 현실을 한탄만 할 것이 아니라 그런 말도 안 되는 일로 한 해를 소진하고 있는 문제를 어떻게 하면 해결할 수 있겠는가를 놓고 허심탄회하고 심각하게 고민하고 해법을 찾아야 하지 않겠는가? 범인을 감싼다느니 안 잡는다느니 하는 국민들의 말을 겸허히 듣고 철저히 파헤치는 용기를 보여주기 바란다. 왜 골프채 몇 백 개를 샀다는 발표는 하면서 그것이 어디에 있는지는 왜 함구하는가? 그런 것들이 국민들의 의구심과 호기심을 부채질해서 걷잡을 수 없는 괴담으로 발전한다면 나라는 어떤 꼴이 되겠는가? 골프채를 받은 것이 잘못이라면 받은 사람이 그 경위와, 잘못이 있다면 부적절했음을 시인하고 반성하는 수순을 밟아 해결해야지 왜 밝히지 않느냐는 것이 대부분의 민심임을 밝혀둔다. 필요한 분들은 이 말에 심각하게 귀 기울여 주기 바란다. 골프채 500개 값이 얼마인지는 모르겠지만 뭐하려고 그렇게 많이 샀을까 하는 정도의 소박한 의문이 든다. 몇 개의 가방에 나누어 담겨 있었으리라는 몇 십억인가 몇 백억인가의 돈은 도무지 들어도 그 가치가 얼마쯤인지조차 감이 잘 안 잡힌다. 다만 엄청나게 많은 돈이어서 듣기도 아득할 뿐이라는 생각뿐 전혀 실감이 나지 않는 것이 솔직한 고백이다. 이런 사람이 거의 국민 전부에 해당될 정도임을 직시했으면 좋겠다.

서늘한 바람 불어올 때 우리 민족에게도 살리는 바람이 불어와 9월 15일 인천상륙작전의 성공으로 적진에서 서울을 구할 수 있었던 1950년 9월을 상기해 보기 바란다. 이어서 9월 28일 드디어 서울 시민이 붉은 마수에서 풀려날 수 있었던 날, 그날의 감격을 정도야 다르겠지만 올해 9월에 다시 한 번 맛보고 싶다. 세월호의 늪에서 벗어나와 진정으로 유가족의 아픔도 어루만지고 따뜻이 품어 안으면서 나라도 살려내는 지혜로운 정치를 기대한다. 한 줄기 서늘한 바람이 편한 잠을 이루게 하듯 양심 있는 정치 한 조각이 우리의 허기를 메울 수 있게 해 주면 얼마나 좋을까? 계절이 바뀌듯이 우리를 짓누르는 이 암울한 기운이 희망의 힘찬 기운으로 바뀌기를 기원하며 굳게 믿어 본다. (2014. 8. 12.)

고모가 없네

우리 어린 시절만 해도 고모와 함께 자라는 경우가 아주 흔했다. 물론 삼촌도 같이 자라기 일쑤지만 유독 고모는 정다운 존재였던 것 같다. 우리 아이들만 해도 막내 시누이가 함께 살면서 살갑게 아이들을 보살펴 주었기에 지금도 막내고모는 우리 아이들이 쉽게 마음을 털어놓는 사람이다. 내가 외딸이라 이모가 없어서 자연스럽게 고모와 친할 수밖에 없었을지 모르니 비교는 어렵지만 요즘은 너무나 가족구조가 모계사회로 급속히 이동한 것 같다. 잇몸에 좋다는 약을 선전하는 광고의 노래를 듣다가 무언가 잘 모르겠는데 신경을 거스르게 하는 기분이 들었다. 자세히 들어보니 그 노랫말에 할아버지 할머니 아빠 엄마 삼촌 이모만 등장하지 고모가 없는 것이다.

"할아버지 할머니 잇몸 튼튼해/ 엄마 아빠 삼촌 이모 이가 탄탄해…"

잇몸을 튼튼하게 해 준다는 약 선전을 위한 광고 노랫말로 아무 손색이 없다. 무심히 듣다가 어느 순간엔가 아니 그런데 좀 이상하다? 싶어 여러 번 유심히 들어보니 고모가 없음을 알 수 있었다. 그것이 의문의 원인임도 함께 알게 되었다. 어머니의 여자형제, 자매가 이모이고 아버지의 여자형제가 고모임은 아직은 모르는 사람이 없다. 그런데 이대로 가다가는 고모가 누구인가 한참 생각해야 기억나는 세상이 되는 것은 아닐까? 하는 객쩍은 생각을 하게 된다.

아버지는 여섯 분의 누님과 여동생 하나를 둔 7공주 댁 외아들이다. 게다가 나는 아버지가 마흔 다섯에야 둔 딸이다 보니 고모가 일곱 분이나 되는데다가 모두 노인들이었던 것이 어린 시절 기억이다. 어른이 된 후에도 고모 하면 할머니가 먼저 떠올랐던 것 같다. 또 한편으로는 단 한 분뿐인 오빠가 나하고는 두 띠동갑이 되는 나이차 때문에 나는 아주 어린 고모였다. 큰 조카와 겨우 6살밖에 나이차가 나지 않는다. 좀 터울이 긴 언니 같은 경우이다. 그런데도 머릿속에 고모는 항상 늙어 있었다.

이모는 단 한분이었는데 6.25 전쟁 중에 병으로 돌아가셨다. 서울에 사는 내가 시골에 계신 이모를 단 한 번 만났는지 어쨌는지 기억이 잘 나지 않는다. 다만 사진 속에서 본 이모가 눈에 찍혀 있을 뿐이다. 어머니는 그 이모의 외동아들을 친자식처럼 애지중지하며 우리 집에서 거의 보살피다시 했다. 그것을 보면서 이모가 참 좋은 것이라는 생각만 여러 번 했다. 그러면서도 내 가슴속에는 고모가 아주 따뜻한 존재로 살아 있었다. 어쩌다 우리 집에 오시는 고모님들은 언제나 내 편이었고 세상에서 제일 똑똑한 아이로 치켜 세워주는 그 어른들의 칭찬과 격려는 꿀맛이었다. 시골 노인이 꼬깃꼬깃 아낀 쌈지 돈을 털어서 태극무늬가 있는 은반지를 내 손가락에 끼워주고 흡족해 하시던 그 미소를 잊을 수 없다. 시골로 내려가신다는 말을 듣고는 절대로 가지 않는다고 약속하라며 손가락을 굳게 걸고 잠들었는데 깨어보니 떠나고 안 계셔서 한참을 서럽게 울던 어린 날이 어제 같다. 여섯 살 때의 일이다.

큰 조카가 태어나고 백일쯤 되었던 모양이다. 식구들이 시골로 아이 보러 내려간다는 말을 듣고 고모가 선물을 해야 한다며 명동의 큰 상점에 데려다 달라고 졸라서 저금통의 돈으로 장난감을 사서 전했던 일은 생각날 때마다 실소를 금치 못하는 한 장의 그림이다. 나이 7살의 아이가 고모 노릇을 하겠다고 거드름을 피운 것이 아니고 무엇이랴. 그 후 새언니는 아들 딸 고루 많이 낳아서 모두 3남 2녀의 자녀를 두었다. 그 당시로서는 5복에 든다는 환상적 자녀수였다. 따로 살면서 학교 다니느라 그 조카들의 출생 현장에는 거의 함께 할 수 없었지만 조카가 사랑스럽고 귀하게 생각되었다. 언니 누나하고는 좀 다른 느낌의 애정이었을 것 같은데 언니도 누나도 되어 본 적이 없는 나로서는 비교를 해 볼 수는 없는 노릇이다. 우리는 지금도 아주 친밀한 숙질간이다. 그 중에서도 방학 때 집에 갔다가 출생을 지켜보게 된 막내조카는 좀 더 다른 끈끈한 정이 있는 것 같기도 하다. 조카들 덕택에 30대에 이미 할머니가 되었지만 기분 나쁘지 않았다. 아버지의 피가 흘러내렸다는 생각에 대견하고 귀여웠다.

우리 조카들에게는 이모가 두 분이나 계셔서 조카들이 그 어른들과 친하게 지냈지만 워낙 나이들이 많으셔서 마치 부모 같은 형편이다 보니 샘나거나 경쟁상대로 생각해 보지 않았다. 며느리가 세 자매의 막내딸이다 보니 젊은 이모가 둘이나 된다. 딸아이는 은근히 경쟁심이 생기는지 제 조카들에게 이모가 좋아, 고모가 좋아 하고 물어서 애들을 난처하게 만들기도 했다. 따로 살기는 해도 가까이서 자주 왕래하는 덕에 손자 손녀는 제 고모와 친하지만 대부분의 아이들이 이모와 더 가깝게 지내고 또 그렇게 느끼는 것이 요즘 세태인 것 같다.

옛날에는 유복친이라 해서 상복을 입는 범위가 정해 있고 그 안에 드는 순서가 가족 간 친소의 서열이었다. 물론 성에 따라 정해지고 부계중심의 질서에서 비롯된 것이기 때문에 고모는 그 범위에 들어가는 유복친이지만 이모는 그 범위 밖이어서 아무리 각별해도 상복을 입을 수 없었다. 요즘에야 직계만 상복을 입으니 고물단지 얘기를 한다고 핀잔이나 받을 일이 되고 말았지만 말이다. 양성이 평등해야 하는 현대에 당연한 일이지만 가족의 한 쪽 벽이 허물어져 나가는 것 같아 아쉬움이 드는 것은 어쩔 수 없는 일이다 고모도 잊지 말고 가까이 하고 이모도 가까이 하고 이렇게 가족을 넓혀나가는 발전적 가족구조의 변화였으면 좋겠다. 가뜩이나 시누올케 사이의 갈등으로 어머니와 고모가 사이좋기가 어렵다 보니 고모가 더 멀어지고 이모만 가까워서 제약회사가 선전을 하는데 있어서도 이모 걱정만 한 것은 아닌지 모르겠다.

아들을 낳으면 오히려 섭섭해 한다는 세태의 변화가 어쩐지 마음을 우울하게 만들면서 '삼촌 이모 이가 탄탄해'가 자꾸 마음에 걸린다. 고모가 없어서이다. 올 설에는 고모 댁도 이모 댁도 고루 찾아 세배를 드리느라 분주했으면 좋겠다.

(2012 11.23.)

자업자득

출산율이 낮아져서 이대로 가다가는 300년쯤 후면 우리 한민족이 지구상에서 사라질지도 모른다는 엄포가 우리를 위협하고 있다. 수년 전부터 우리나라가 인구증가율 둔화로 국가적 위기에 처할 수 있다는 논의가 고개를 들기 시작했다. 설마 그럴리가, 하면서 강 건너 불쯤으로 치부하고 있었다. 그러는 중에 사태가 심각해진 모양이다. 급기야 정부는 출산율을 높이기 위한 특단의 조치를 강구하기에 전력투구하면서 나라의 운명이 여성에게 달렸다고 러브콜을 보내기에 여념이 없다. 이런 상황에서 나라는 급하다고 아우성인데 마음 한 구석에서는 자업자득이란 생각만 자꾸 자리를 넓혀가려 한다.

인구가 이대로 늘다가는 우리 모두 굶어죽고 말 것이다, 아무리 노력을 하고 경제발전을 위해 전력투구해 봐야 점점 가난해져서 모두 거지꼴을 면하기 힘들다, 등등이 1960년대 초 정부가 경제개발 5개년 계획을 처음 실시하면서 국민을 협박한 내용들의 요약이다. 그 때 사회학자 인구 학자들이 앞다투어 발표하는 연구 논문들이나 강연 내용들은 한결같이 우리 여인들이 우매하게 아들에 매달려 딸은 몇 명을 낳아도 그칠 줄 모르고 아들을 낳을 때까지 아이 낳기를 멈추지 않아서 우리나라가 인구증가 폭발국이 되었으며 이대로 가다가는 나라를 거덜내고 말 것이라는 것이었다. 그 당시 우리나라 사람들의 자녀관 중 으뜸은 자녀를 노후보험으로 생각하는 노후 의탁이 자식을 두어야 하는 제1의 목적이었다. 자녀 수효도 3남 2녀가 다복의 최상 기준이었다. 딸이 있어야 한다는 것은 남아선호 사상에 찌든 그 옛날에도 이미 알고 있었던 모양이다. 하지만 정답고 좋기는 하나 딸은 출가외인이라 소용없으니 아들이 꼭 있어야 한다는 생각이 팽배해 있을 때였다. 그런 연유로 그 당시의 인구증가의 주범은 남아선호사상이라는 것이 학자들의 중론이었다.

경제 성장률을 목표대로 이루어내기 위하여, 가난에서 벗어나 보려고 애쓰는 과정에서 인구증가율 감소는 절체절명의 과제였고 그 목표의 고지에 다다르려면 자녀가 적어야 한다고 강조해야 했다. 급기야는 자식이 무슨 짐 덩어리인양 계몽했다. '무턱대고 낳다가는 거지꼴 못 면한다'는 표어는 그런 계몽의 대표적 증거물 중 으뜸에 속하리라. 예로부터 순종이 미덕이던 우리 여인들은 더 낳고 싶어도 나라를 위해서 아쉽게 단산의 길을 택했다. 다행히 경제는 성장되고 사회는 발전했다. 양지가 있으면 음지가 있는 것은 당연한 일이니 역시 이 일에서도 우리에게 음지는 어김없이 나타나기 시작했다. 핵가족화가 급격하게 진행되면서 자식이 노후보험의 보장 상품으로서의 위력을 서서히 잃어가게 된 것이다. 자식을 적게 낳다 보니 자식 많은 것이 얼마나 힘든 일인가를 극명하게 비교할 수 있었다. 게다가 자녀가 적어지면서 교육열은 광풍이 되어 우리의 사교육시장의 번창을 가져왔다. 핵가족시대의 장점을 맛 본 여인들은 윗대로 시부모만 떼어 놓는 것이 아니라 아래로도 그 편리성은 따라 내려갔다. 제 자식 제가 키우라며 내 인생을 살겠노라고 손자 양육을 마다하는 신식 할머니들이 줄을 잇게 되었다. 이런 요인들이 복합되어 종합예술작품(?)으로 태어난 것이 오늘날 우리나라의 출산율 저조라고 한다면 궤변이라고 힐책하려나?

봄에 심지 않으면 가을에 거둘 것이 없다는 자명한 이치를 잘 알면서, 정부는 그동안 뿌린 씨가 저출산의 씨였음을 잊은 채, 대가족 양육에서 핵가족 시대에 맞는 새로운 사회 양육자도 확보 못한 상황에서 여인들의 애국심에 의존하는 듯한 민족 존망위기론 정책은 연목구어가 아닌가 싶다. 여성은 애 낳는 기계가 아니다. 출산 억제라고 입력하면 억제가 되고 출산 장려라고 입력하면 아이가 쏟아져 나오는 그런 기계도 컴퓨터도 아니다. 게다가 의식이라고 하는 것은 필요에 따라서 원하는 대로 그때그때 바뀌어지는 것이 아니다. 또한 불편한 쪽에서 편리한 쪽으로의 적응은 쉽지만 편리한 쪽에서 불편한 쪽으로의 전환은 매우 어려운 것이다. 이쯤에서 우리 출산율 저하의 요인을 또 한 번 요약한다면 짜증만 날 뿐이다.

인간이 얼마나 소중한 존재인가, 자식이라는 것은 그 중에서도 얼마나 귀하고 사랑스러운 것인가의 의식을 회복시키려면 많은 시간이 필요할 것 같다. 많으면 거추장스럽다고 외워온 주문이 얼마나 무서운 결과를 가져왔는가를 통감하고 가슴 깊이 사죄해야 될 일이 아닌가 생각한다. 그 때의 학자들이 오늘의 사태를 예견하지 못한 것이 실수였는지, 우리의 변화 속도가 미증유의 것이어서 예측 불가였는지도 면밀히 연구되어야 할 부분이라고 생각한다. 그 시절에 이미 프랑스가 인구 증가율 저하로 몸살을 앓고 있던 터라 우리도 그런 날이 오면 어떻게 하느냐고 질문했다가 아주 한심한 바보 같다는 투의 '그런 날이 오기나 하라고 그러십시오. 아마 우리에게 그런 날은 절대 오지 않을 것입니다.'라는 대답과 함께 내게 꽂혔던 모멸감에 가까운 학자의 비웃음을 떠올릴 수밖에 없는 것은 내 마음이 좁아서만은 아니다. 오늘의 이 출산 장려 정책이 또 우리 아이들이 내 나이 되었을 때에는 또 다시 적게 낳아야 한다고 지금처럼 급선회를 권유하며 아우성을 치지는 않을지 염려스러워서이다. 그 때 학자들이 정말 이런 날을 전혀 예측하지 못해서 그토록 자신 있게 외쳤을까? 혹시 학자적 양심에 반하면서 정부시책에 거스를 수 없어 줄여야만 한다는 결론을 확고히 세워 놓고 거기 꿰맞춘 경우는 정녕 아닐까? 쓸데없는 곳에 생각이 미치려 하는 상상력을 애써 잠재워 본다. 그렇다면 너무 서글픈 일이기에.

심은 대로 거두고 지은 대로 받는 것은 세상의 이치이다. 자업자득이라는 가르침을 어찌 외면하고 살 수 있으랴. 누가 자연의 이치를 거스를 힘을 가졌겠는가?

(2011. 8. 29.)

지금 잠이 옵니까?

아니 지금 잠이 오느냐는 소리에 눈을 떴다. 빈대떡 접시와 막걸리 사발이 눈에 들어온다. 잠깐 눈을 붙였던 모양이다. 앞자리의 김 교수가 이때 잠을 잘 수 있다니 참 대단한 분이라며 절반은 어이없다는 표정으로 건너다본다. 칭찬인지 놀림인지 듣기 나름이겠지만 이내 진지한 표정으로 다시 되뇌이는 어투와 표정으로 보아 놀리는 것은 아니고 정말 놀란 모양이다. 평소 내 느긋함을 익히 아는 강 회장이 그런 양반이라며 빙긋이 웃는다. 좌중은 이내 웃음판이 되고 나는 갑자기 불가사의한 사람이 되는 상황으로 변했다. 2011년 1월 문협 선거 개표가 있던 날 대학로의 지하 카페의 풍경 한 토막이다. 수필 분과회장에 입후보한 당사자인 내가 숨가쁘게 개표가 진행되는 동안 다른 후보들은 마음 졸이며 혹시나 하는 기대로 전해오는 소식에 온 정신을 쏟고 있는 그 순간에 잠에서 깨어 눈을 뜨는 무신경에 보인 좌중의 반응들이다. 그렇지 당연히 놀라고 또 놀릴 일이다. 한 표의 향방에 운명이 갈릴 판인데 그 귀추에 귀 기울이기에 여념이 없어야 할 후보 자신이 어떻게 마음 편히 잠을 잘 수가 있단 말인가? 그것도 남자도 아닌 여자가 말이다. 이건 간이 큰 것인지 제정신이 아닌 것인지 헷갈릴 정도의 일이기도 할 만하다. 진정으로 대단하다고 인정해준 김 교수의 평가에 감사한다.

선거는 생각하기에 따라서는 가장 불확실한 싸움이지만 반대로 생각할 수도 있다. 잘 분석하고 보면 선거 초장이나 중간에 그 판세를 읽을 수 있다. 후보 본인이 월등하게 선택받을 만한 인품이나 능력의 소유자이거나 줄을 잘 서거나 운이 아주 좋거나 하는 여러 가지의 요인들을 제대로 읽어내면 초장에 승패를 가늠할 수도 있다. 나라 선거의 경우는 정당이 어디냐에 따라 절반의 운명이 결정된다 해도 과언이 아니다. 선거는 또 바람이기도 하다. 황당한 일인 것 같지만 선거의 속성상 가장 당연한 일인지도 모른다. 생각해 보라, 한 사람 한 사람의 마음을 얻어 그것이 표로 나타나고 그 합계로 당락이 결정되는 것이 선거이니 그 결과를 점치기란 매우 어려운 일이다. 그래서 선거는 모든 후보자가 마지막 순간까지 반드시 자신이 당선될 것이라고 믿고 하는 싸움이다. 어찌 보면 썩 재미나는 일이다. 얼마나 역동적이고 스릴 있는 게임인가? 보이지 않는 사람의 마음을 하나씩 모아 당선이라는 고지를 점령하겠다는 의지로 선거 기간의 득표활동을 즐겨야지 고통으로 생각하면 선거는 후보에게 재앙이 된다. 최선을 다해서 자신을 팔고 유권자의 구매는 한 표로 나타난다. 그 수효를 세는 개표의 순간에 이미 당락은 결정된 후이다. 판 사람이나 산 사람이나 당사자들만 모르고 있을 뿐이다. 개표 부정만 없다면 이미 승자는 결정이 되어 있는데 당사자들만 모르니까 애를 태우며 그 결과를 기다리고 있는 상황이다.

태어나서 처음 개표상황 중계를 들은 것이 9살 때이다. 꽤 조숙했다고 할지 모르나 아버지의 당락에 귀를 세우고 있었으니 특별할 것은 없다. 5.30 선거에 고향에서 입후보한 아버지는 압도적으로 당선되리라는 기대를 뒤엎고 차점도 놓친 3등이라는 초라한 성적표를 들고 낙선했다. 서울 집 안방에서 어른들 틈에 끼어 커다란 제니스 라디오 앞에 앉아서 밤을 새웠다. 부모님 모두 선거 격전지에 내려가 계셨으니 그날 라디오 앞에 앉은 사람들 중에서는 내가 제일 애가 타는 사람인 셈이었다. 아무리 그래도 어린 것이 무슨 밤을 새워 개표방송을 들었겠나 싶어 잘 믿어지지 않을지 모르나 지금도 선거 개표 방송을 들을 때면 앞에는 제니스 라디오가 놓여 있는 것을 어찌하랴. 그 라디오는 인민군이 아버지와 함께 끌고 가 버렸지만 대학 시절에는 후보자와 아무 상관도 없으면서 내가 지지하는 후보의 당락이 궁금하여 개표소까지 달려가 통금시간이 돼서야 돌아오곤 했다. 물론 어머니와 함께. 딸의 안위가 걱정이 되어 그랬겠지만 어머니 역시 그날의 뼈아픈 기억이 오히려 추억이 되어 그럴 수밖에 없었는지도 모른다. 아버지는 선거 뒷마무리를 하다가 백일해로 고생하는 어린 딸을 위해 고향의 강에서 나는 자가사리 민물고기를 특효약이라며 차에 싣고 6월 18일에 상경하셨다. 그리고 1주일 후에 터진 6.25전쟁으로 서울에 갇혔다가 9월 4일 새벽 납북당했다. 이직도 개표방송을 듣노라면 하얀 모시 고의적삼 차림으로 포승에 묶여 끌려가던 아버지의 뒷모습이 어른거린다. 내게 개표는 어쩌면 허탈한 것인지도 모른다.

학창 시절 여러 번의 선거를 치르면서 반장에 대의원에 당선되면서 선거는 하면 이기는 게임이 되었다. 여고시절 학생회장에 입후보했을 때는 압도적이라는 말로는 표현이 모자랄 정도의 심한 표 쏠림 현상으로 당선되었다. 그것은 유난히 잘나서 그런 것이 아니라. 얌전한 성향의 여학생들 속에서 유별나게 말괄량이 기질이 있어서 그것이 표를 몰고 온 것 같다. 그 선거는 1300명 전교생 앞에서 한 입후보자 연설에서 이미 끝이 난 셈이라고 볼 수 있다. 문협 선거도 모르긴 하나 회원들에게 직접 소견 발표를 하고 그 자리에서 투표한다면 당선이 무난하지 않을까 하는 객쩍은 생각을 해보기도 한다. 연설로 사람의 마음을 움직이는 일에는 아직도 자신이 있다. 물론 혼자 생각이지만. 선거는 축제다. 신명나는 한판 승부이다. 물론 이번 문협 선거에서는 일신상의 사정이 생겨서 최선의 노력을 다하지 못해서 아쉬움이 남지만 그래도 간접으로 전국의 수필가들을 만나 보았으니 큰 잔치 한 번 잘했다고 생각한다. 그러니 그날 개표를 기다리면서 막걸리 한 모금 덕분에 단잠 한소끔 잘 수밖에 더 있겠는가?

빈대떡 한 조각으로 잠을 깨고 있는데 낭보가 날아왔다. 20표 차로 당선되었다는 소식이다. 모두들 박수를 치는데 정작 당사자인 나는 손사래를 치며 좌중을 진정시켰다. 아직 정식 발표가 아닌데 미리 샴페인을 터뜨리는 것은 모양새가 아니라는 생각에서였고 확정 발표가 나기 전까지는 안심할 수 없다는 막연한 느낌이었다. 이 또한 아버지의 역전패의 아픈 기억이 무의식 속에서 작용한 것이기도 하다. 만류해도 계속되는 축하 속으로 낙선이라는 비보가 전해졌다. 재검표 결과 22표를 뒤져서 당락이 바뀌었다는 전언이다. 이게 무슨 날벼락 같은 얘기냐며 어서 올라가서 알아보고 이의 제기를 하라는 말들이 쏟아져 나왔다. 물론 올라가지 않았다. 어련히 알아서 잘 했겠냐며 애꿎은 빈대떡만 베어 물고 앉아 있는 몰골이 또 한번의 불가사의로 보이는 순간이었으리라. 참으로 대단한 양반이라는 김 교수의 덕담을 들으며 눈앞의 제니스 라디오에 귀를 기울이고 동지들의 승전보를 기다렸다. 12명에게만 나를 좀 잘 팔았더라면 당선의 영광은 내 것이 되었을 텐데, 그 일을 잘 해낸 당선자에게 마음 한 편으로 박수를 보내며 앞에 놓인 막걸리 한 사발을 들이킨다. 술이 식어서 그런가 맛이 쓰다. 여기서 다시 한 잠 잔다면 정신과 의사를 만나러 가야 할지도 모를 일이다.

요즘 선거의 계절이다. 아니 올해는 12월 대통령 선거까지 있으니 가히 선거의 해이다. 1년 내내 선거로 소용돌이치겠지만 즐기면 된다. 진정한 축제가 되어야 따끈한 빈대떡에 막걸리 한 사발 맛이 좋을 텐데 걱정이다.

(2011. 1.)

백모 3년

흰 개 꼬리를 땅에 묻고 3년이 지난 후에 꺼내 보았더니 여전히 하얀 채로 있더라는 옛말이다. 사람의 버릇이나 성품이 바뀌지 않을 때 쓰는 비유이다. 짐승은 훈련을 시키면 그대로 따라하지만 사람은 오히려 그렇지 못한 면이 많다. 특히 정신적인 면에서는 더욱 변하지 못하는 것 같다. 교육으로 변화시키지만 한 번 굳은 나쁜 버릇을 고치기란 그리 쉬운 일이 아니다. 잘 해 나가다가도 이성의 지배가 약해지면 이내 오뚝이처럼 제자리로 돌아가 버리는 것이다. 김유신의 애마 이야기도 넓은 의미로는 이에 속한다할 수 있다.

일본의 동북부 후쿠시마에서 진도 9.1의 강진과 20미터 가까운 파고의 쓰나미가 몰려와 순식간에 마을을 다 삼켜버리는 엄청난 재앙이 닥쳤다. 가슴 아프다는 말로는 설명이 잘 안 되는 참혹한 천재이다. 이웃이 이런 재난을 당하자 우리 착하디 착한 흰옷의 한국 백성들은 앞다투어 위로와 격려를 보내고 구조대를 급파했다. 제일 먼저 도착한 구조대는 재난 현지에서 신속하게 사람을 구하고 건물 잔해를 뒤지는 험한 일을 마다 않고 열심히 그들을 도왔다. 국내에서는 일본 돕기 성금을 모으기 시작하고 고사리 손들까지 흔쾌히 복구 성금을 털어냈다. 각계각층의 격려문이 쇄도하고 연일 누리꾼들은 일본을 위로하며 힘내라고 격려하기에 분주했다. 누구보다도 일본으로부터 아픔을 겪은 정신대 여성들조차도 일본사람들 힘내라고 격려하며 죄가 밉지 사람이 무슨 죄가 있겠느냐며 진심으로 위로하고 격려했다.

논객들도 과거는 과거이고 재난은 재난이라며 일본을 도와야 한다고 천편일률의 논설을 쏟아냈다. 이럴 때 일본의 한반도 강점 같은 것을 얘기하면 무슨 미개인이라도 될 듯한 분위기였다. 이러다가 역사조차도 다 잊어버리는 것 아닌가 하는 염려가 될 정도였다. 내가 이렇게 속이 좁고 마음씨가 착하지 못한 여자였나 싶어 하루에도 몇 번씩 고개를 갸웃거렸다. 웬일인지 마음 밑바닥에서부터 온전히 안됐다는 마음만 솟아나는 것이 아니라 안됐지만 "자연이 쓸고 가도 그렇게 죽겠지? 그런데 인간이 와서 쓸고 갔을 때, 인간의 도륙으로 고통을 받게 됐을 때의 아픔을 생각해 본 적이 있느냐?"고 묻고 싶은 심정이 앞섰기 때문이다.

이런 사고의 근원이 무엇일까 생각해보니 이것은 교육의 결과였음을 깨닫게 되었다. 중학교 시절 이승만 대통령의 반공방일 교육 강화 정책에 의해 1주일에 한 번씩 반공방일 표어를 지어 제출해야 했고 매월 열리는 교내 웅변대회에서 반대표로 나가 웅변을 해야 했다. 표어를 짓고 웅변 원고를 쓰면서 의식 깊은 곳에 그 사상이 아주 뿌리를 깊이 내린 것 같다. 도울 것은 도우면서도 중심을 잡고 우리가 기억할 것은 기억하면서 이성적으로 대처하지 못하고 있는 것 같아 속이 좀 뒤틀려 있던 차였다. 얼마 전 명성황후 관련 사진전을 보면서 느꼈던 생각을 시작으로 나와 비슷한 생각을 풀어낸 일간지 J일보의 논설을 발견하고 회심의 미소를 지었다.

드디어 내 생각이 맞다는 확신을 얻는 일이 벌어지고 말았다. 일본은 또 우리를 실망시켰다. 독도 영유권을 주장하는 역사 왜곡 교과서를 인증하고 나와 구태의연한 모습을 만천하에 보인 것이다. 그래 그럴 줄 알았어, 우리만 속 빠진 거야, 하고 주먹질을 하면서 몹시 허탈해졌다. 손바닥이 마주쳐야 소리가 나는 것처럼 좋은 이웃이 되려면 어느 정도라도 뜻이 좀 맞는 구석이 있어야 한다. 이렇게 선을 악으로 갚는 사람들하고 무슨 선린관계를 맺을 수 있겠는가? 우리보다 부자 나라에 아직 넉넉하지 못한 우리가 우호적으로 성의를 내고 있는데 양심이 있으면 올해만이라도 그 헛소리를 좀 안 할 수도 있을 것 아닌가 말이다. 이럴 때 우리 조상들은 도둑도 이르다는 속담을 만들어 썼는지 모르겠다. 도둑도 때가 있다는 말이다. 하물며 후의를 저버리는 것도 좀 천천히 할 수도 있었을 텐데 얼마나 상대를 우습게 보고 후의조차도 시큰둥하게 받아들였으면 이렇게 무례할 수가 있는가 말이다.

우리는 명성황후의 시해나 류관순 열사의 참혹한 순국을 생생히 기억하고 있다. 발전적 관계를 위해 가슴에 깊이 묻고 참고 있을 뿐이다. 용서해야 하고 위로해야 하는 이성의 명령과 좀처럼 삭지 않는 감정의 기억이 상충하고 있다. 일본은 역시 백모3년이었다. 상관 않고 살 수도 없고 가까운 거리의 저 나라를 어찌하면 좋을지 답답한 일이다. 이제 지체하지 말고 우리의 역사교육을 철저히 해서 울타리 단속을 철통같이 해야 한다. 우리도 용서는 하되 결코 잊지는 말아야 한다.

남에게 폐를 끼치지 않는 것을 매우 중요시해서 국민의식이라고 할 정도로 숭상한다는 폐 안 끼치기라는 그들의 덕목도 우스운 것 아닌가? 남의 앞을 지나갈 때 몸을 낮추고 지나가는 예의를 표한다든지 하는 작은 폐는 안 끼치는지 몰라도 남의 나라를 집어삼키던 큰 폐를 서슴없이 저지르던 망녕된 태도는 여전히 버리지 못하고 있는 것이 일본의 실체가 아닌지 의심스럽다. 그야말로 사랑의 문제와 별개의 심각한 문제가 아닐 수 없다

이런 일련의 일들은 그들의 탐욕에서 비롯된다고 본다. 후쿠시마 원전 사태만 보아도 그렇다. 초기에 우방들이 염려하며 돕겠다하고 폐기 등 극단적 방법을 고려해야 할 것이라는 충고를 보냈을 때 간단히 일축하고 귀 기울이지 않았다. 그들의 대처는 오로지 경제적 계산에 근거한 무모한 결정이고 교만이었음이 확실히 입증된 지난 3주간이 아니었던가? 이제 더는 견디지 못하고 고농도 죽음의 물질이 녹아 있는 물을 바다에 유출시킨 것도 모자라 아예 대기 중에 방출해 버리는 지경에 이르렀다. 바로 근접한 우리나라에 한 마디 상의나 통고조차 하지 않은 채 쏟아버린 것은 또 하나의 만행이다. 세계인의 바다를, 대기를 마음껏 오염시키는 이런 일이야말로 더 없이 큰 폐임을 그들은 언제나 깨달을 수 있을까? 아니 그런 때가 있기나 할까? 그들은 체르노빌 원전 폭발 사고 때 8000km 거리의 소련의 목을 어떻게 조였는지 잘 기억하고 있을 것이다. 자국민의 건강을 위해서 말이다. 우리는 또 언제까지 이들의 개과천선을 기다려야 한단 말인가? 우리는 좋은 이웃으로 살기를 바란다. 일본이 양심을 찾기도 바란다. 사랑이 무엇이고 염치가 무엇인지를 일본인

들도 알게 되는 복을 받기를 원한다. 백모3년이라는 속담이 일본인들로 해서 헛된 말이 되기도 간절히 바란다.

(2011. 4.)

불지 말았으면

듣기만 해도 감미로운 말이 봄이 아닐까? 봄을 대표하는 것이 여러 가지 있겠으나 뭐니 뭐니 해도 그 중 으뜸이 봄바람쯤 될 것 같다. 겨우내 웅크리고 있다가 봄바람이 불기 시작하면 어깨를 좀 펴고 기지개를 켜며 슬며시 문을 열고 칩거를 끝내게 된다. 그 감미로운 봄의 전령사 봄바람이 올해는 좀 다른 얼굴로 우리에게 다가오고 있다.

2011년 3월 11일 진도 9.0의 강진이 일본의 경승지 센다이 부근에서 일어났고 잇따라 밀려온 파고 15미터 이상의 해일이 덮쳐 순식간에 도시를 삼키면서 동일본 지진 쓰나미의 참극이 시작되었다. 일본열도를 여진의 공포에 떨게 한 것은 오히려 시작이었을 뿐이었다. 후쿠시마의 제1원자력 발전소의 전력선이 쓰나미에 딸려 나가버려 전력공급이 끊기면서 새로운 재앙이 싹을 틔웠다. 6기의 원자로 중 1,2호기를 제외한 3,4,5,6기 모두 네 기의 원자로에 심각한 문제가 생기며 폭발하는 등 극한 상황으로 치달으면서 드디어 방사능 피폭자가 늘어가고 있다. 이제 촌각을 세어 가며 원자력 재앙이 일어나지 않도록 하기 위해 원자력 전문 인력들이 목숨을 내걸고 사투를 벌이며 재앙을 막아보고자 피나는 노력을 퍼붓고 있다. 각국은 자국민의 보호를 위해 총력전을 펴고 있다. 부국은 전세기를 동원하기도 하고 그렇지 못하더라도 일단 자국민들에게 일본을 떠나도록 권고하고 나섰다. 탈일본의 행렬은 끝없이 이어질 전망이다.

우리는 이웃이 당한 재난과 끔찍한 인명피해에 마치 내 일인 양 망연자실하고 있다. 독도를 갖고 망언을 서슴지 않던 못된 얼굴이나 35년간 우리를 강점하고 벌였던 갖가지 만행이나 더 거슬러 올라가 임진왜란 때 우리를 괴롭혔던 악운을 떠올리기에는 일본의 지금 처지가 너무도 참혹하다. 우리 착한 백성들은 누가 무어라 권유할 것도 없이 앞다투어 이웃사랑 일념으로 걱정하고 위로하며 가슴 아파하고 있다. 사랑 실천도 좋지만 이러다가 역사도 모조리 잊어버리고 마는 것이나 아닐까 싶은 객쩍은 생각이 들 정도로 진심어린 위로만 쏟아내고 있다. 문제는 후쿠시마 원전이다. 이미 터져서 상당량의 방사능이 유출되어 하늘에 떠 있고 바닷물에 섞여 버렸다. 민심을 술렁이게 한다고 유언비어를 삼가라고 하지만 현실은 이미 현실인 것을 어이하랴. 가까운 이웃이라고 그러는지 우리 정부는 아직 우리 국민들의 일본 출국을 권유하지 않고 있는데 그것도 문제라고 생각한다. 다행히 아직은 바람이 북서풍이어서 그 불청객들이 태평양 바다 넓은 쪽으로 불어가서 우리나라에 영향이 없다고 하지만 안심할 일이 못 된다.

광양에서 매화가 피고 지면 구례 산동 마을에 산수유가 지리산에 연노랑 차일을 치고 제주에서 연분홍 벚꽃비를 내리면 진해의 하늘이 벚꽃으로 덮이고 하루에 수십 리를 달려서 그 꽃물결이 서울의 천만 시민의 가슴에 꽃구경을 나오라고 속삭이면 남산으로 여의도로 신들린 듯 사람들이 홀려 다니는 봄, 이것이 가난하고 힘들어도, 금융위기에 시달려도 우리네 백성들의 삶의 한 자락이었다. 그런 것이 올해 봄은 섬뜩한 마음이 앞을 가로막는, 달갑잖은 일이 되게 생겨서 걱정이다. 살랑살랑 불어오는 봄바람이 아니라 설렁설렁 불어댈 것 같아 목덜미가 서늘하다. 처녀 총각의 애간장을 녹이는 감미로운 봄바람이 아니라, 방사능을 잔뜩 싣고 오는 공포의 봄바람이 될까봐 미리 몸은 자꾸 움츠러든다.

다른 해 같으면 목을 늘리고 기다릴 그 봄바람이 올해는 불어올까봐 걱정이다. 봄바람이 불지 않았으면 좋겠다고 비는 봄이 되었다. 제발 후쿠시마 원전이 비극으로 가는 걸음을 멈추고 기사회생해서 대재앙을 막게 되기만을 손 모아 빈다.

그러기에 원자력 발전소 같은 위험한 것을 왜 지어서 이런 일을 당하느냐며 원자력발전소 건립 자체를 반대하는 원칙론적인 원전 반대론이 다시 고개를 들성 싶기도 하지만 그것은 하나만 알고 둘은 모르는 일 일 수도 있다. 우리가 원자력 발전을 안 하고 살려고 한다면 우선 반대하는 사람 자신부터 등잔불을 밝히고 살 수 있다는 결단을 해야 한다. 지극히 사소하면서도 극단적인 예를 들고 있다고 몰아세울지 모르지만 원자력에 대한 설명을 좀 듣고 난 후에 이와 같이 살 자신이 없어서 그동안의 반대의견을 접었던 경험이 있기에 하는 말이다.

그러면 원자력은 자꾸 발전소를 짓고 방만하게 마구 써도 좋단 말인가? 아니다. 할 수 없이 쓰는 것이니 가능한 한 에너지를 아껴 수요를 줄여나가야 한다. 그래야 원자력 발전소를 하나라도 덜 짓게 되고 그렇게 하는 것만이 원자력의 위험으로부터 인류를 조금이라도 보호하는 일이 된다. 우선 자기 자신부터 겨울에는 좀 춥게 살고 여름에는 좀 덥게 사는 훈련부터 해야 되고 마음가짐부터 바로잡아야 한다. 에어컨은커녕 선풍기도 되도록 덜 쓰는 자세 없이는 원자력 발전 자체의 건설여부에 대해 이러쿵저러쿵 할 자격이 없다고 본다. 종이도 한 번 더 쓰고 물 한 방울 아끼고 비닐봉지 하나도 씻어서 다시 쓰는 노력 없이 원자력 발전소의 안전문제로 건설을 반대하는 것은 어불성설이다.

인간이 언젠가는 제가 만든 사슬에 스스로 묶여 그것이 올무가 되어 망할 것이라는 생각은 대부분의 사람들이 갖고 있는, 어찌 보면 잠재의식 같은 수준의 것일 수도 있다. 자연을 정복해가며 사는 것이 발전이고 인간은 발전지향적일 수밖에 없는 존재이기는 하나 이토록 방만하게 자연을 파괴하는 일에 일말의 양심도 작동되지 않는 현대인의 생활습관을 고치지 않고서는 오늘 동일본 지진 쓰나미의 재앙이 더 이상 그들만의 것일 수 없고 제2, 제3의 동일본 지진 쓰나미는 호시탐탐 우리를 노릴 것이다. 어쩌면 불을 보는 것보다 더 정확할지도 모른다.

훈훈한 바람 한 자락 불어와 귓불을 간지른다. 아 봄바람이다. 봄이로구나. 아무 생각 없이 그저 좋다. 가슴이 울렁거린다.

(2011. 3.)

4

점퍼 입은 양파

점퍼 입은 양파

눈사람만한 양파가 커다란 돌 위에 올려 앉혀 있다. 경상남도 창녕군 대지면 석리 성씨 댁 입구에 세워진 양파 시배지 상징물이다. 양파의 종자를 들여다가 처음 심어서 거듭되는 실패를 딛고 드디어 양파 재배에 성공하여 창녕 사람들을 가난에서 구했다는 성씨 댁은 그 외에도 파격적인 구휼로 이 지역 사람들에게 존경받는 가문이다. 대부호였던 이 댁은 그야말로 오랫동안 지속해 내려온 노블리스 오블리제의 표본이었던 것이다.

1만 평에 이른다는 저택의 대문을 들어서면서 그 소박한 풍모에 그 댁 옛 주인의 심중을 헤아릴 수 있을 듯 했다. 350여 칸에 이르는 대저택이라는데 한 채 한 채의 건물들은 여느 고택들의 풍모와 크게 다르지 않다. 일반에게 공개되지 않은 안쪽으로 여기 저기 필요에 따라 자그마한 집들을 여러 채 지어 놓은 모양이다. 사랑채 옆 별당 앞의 연못이 한반도 지도 모양과 닮아 있는 것이 인상적이다. 자연 지형이 아니라 어차피 인공으로 조성했을 터이니 그 연못을 구상한 이 가문의 선대 어른의 의중이 남다르다는 생각이 들었다. 집안 연못을 나라 지도 모양으로 파다니…, 나라 잃은 백성의 그 큰 뜻을 짐작할 수야 있지만 성혜림이 어린 시절을 잠시 보낸 것으로 알려진 곳이라는데 생각이 미치면서 그 선견지명이 마음을 착잡하게 한다. 민족 분단의 비극을 한 몸으로 겪을 수밖에 없었을 고택의 연못, 한반도 모양의 연못, 지금 나그네는 신음소리를 토하며 돌아서지만 훗날 통일이 된 어느 날 또 다른 나그네는 어떤 생각으로 이 연못가를 거닐까?

수필문학 추천작가회 연차대회를 하러 온 길에 잠시 들른 터라 시간에 쫓겨 서둘러 나오느라 아쉬움만 남긴 채 호기심을 일단 접고 발걸음을 재촉한다. 본채의 당호가 눈을 잡는다. 아석헌(我石軒), 왜 주인은 자신을 돌이라 했을까? 이 동리가 석리(石里)이기는 하지만 집들의 이름에 석자를 많이 붙였다. 그래 돌이야 말로 변함없지 않은가? 이 댁의 부가 여전히 계속되고 있듯이 말이다. 아이들이 그 옷을 입지 않으면 학교 가기가 싫다고 할 정도의 패션계의 거목 노스페이스(North Face)의 성기학 회장이 이 댁의 주인이고 그가 이 큰 저택을 복원하여 관리하고 있다는 사실에 고개를 크게 주억거리며 대문을 나섰다.

6.25때 이 댁도 크고 넓으니까 공산군의 본거지로 사용되었다. 전쟁을 겪으면서 초토화되다시피 한 집은 폐허같이 되어 갔고 성기학 회장의 모친은 그 일로 노심초사하고 아파했다. 성 회장은 제품을 손수 싸들고 세계를 돌면서 시장을 개척하고 귀국하면 언제나 고향집에 내려가 여독을 풀었다. 언젠가 자신이 어머니의 시름을 덜어드리는 일, 집을 다시 복원하는 일을 꼭 하리라고 벼르고 열심히 사업을 키워나가는 사이 어머니는 기다려주지 못하고 돌아가셨지만 아들은 끝내 그 뜻을 이루어 어머니께 대저택을 다시 바쳐드렸다. 아석헌을 비롯한 몇 채는 그대로 있어

서 수리만 하고 여타 많은 건물들은 새로 복원했는데 경상도 지방은 말할 것도 없고 전국의 고택이 헐리거나 판다고 하면 그 자재들을 사들여서 이 넓은 저택의 복원을 마쳤다. 그만한 뚝심과 추진력이 있으니 오늘날 영원무역을 세계적 기업으로 키워냈구나 싶은 생각이 들었다.

연차대회장에서 기다리고 있을 일행들 생각에 아쉬운 발길을 서둘러 돌리는데 양파는 여전히 나그네의 눈길을 잡고 놓지 않는다. 창녕 양파 시배자 성찬영 선생, 그 분이 1909년 경화회(耕和會)를 조직하여 농사법을 가르친 덕으로 오늘날 창녕이 부농마을이 되었다니 한 사람의 지도자가 얼마나 중요한가? 잠시 그 돌 앞에 고개가 숙여진다. 오랜 세월 동안의 지속적인 구휼로 창녕 사람들의 아사를 막았다는 설명을 들으면서는 적선지가 필유여경(積善之家 必有餘慶)이라는 고사를 떠올릴 수밖에 없었다.

비석 위의 눈사람만한 양파에 노스페이스 패딩 점퍼가 날아와 날렵하게 입혀진다. 고택 지붕 위로는 초겨울답지 않은 흰 구름 한 송이가 별당 쪽으로 무심히 흘러가고 있다.

(2012. 11.)

가을 달

달이 밝다. 무심히 옥상에 널어놓은 시래기를 거둬들이다 만난 가을 달은 슬프다. 다시 올려다본다. 만월인 걸 보니 오늘이 10월 보름인가 보다. 어머니의 백 살 생신을 세고 있던 중이라 감이 빨리 잡힌다. 내려와 달력을 보니 보름날이 맞다. 어느새 이렇게 되었나 싶어 가슴에 묻힌 음력 10월 스무사흘을 세어본다. 여드레 남았다. 2012년 12월 6일 양력으로 그 날이 음력 10월 스무사흘, 바로 가엾은 어머니의 백세 생일이다. 만으로는 내년이 백세이겠지만 탄생 1백년이라는 거창한 이름을 붙여 드러내 놓고 생일잔치를 하기에는 어머니가 세상을 위해 공적으로 해 놓은 일이 없다. 부농의 딸로 태어나 고등교육도 받은 신여성으로 그저 한 남자의 아내가 되어 딸 하나를 낳아 기르다 6.25 전쟁 중에 남편을 어이없게 공산당 손에 뺏겨 생사를 모른 채 19년을 북쪽 하늘바라기만 하다가 한 많은 생을 쉰여섯에 마감하고 이승을 떠난 한 여인일 뿐인 것이다.

일점혈육 딸 하나가 그 때 어머니보다 15년을 더 살고 홀몸이 되었다. 생전에 못 본 사위를 백 살 생일 때라도 만나게 해 주고 싶었던 딸의 한 가닥 꿈마저 접어 버린 지 어느새 두 해가 되었다. 남편의 대상을 앞두고 어머니의 백 살 생일을 맞는 가슴이 온전할 리 없다. 우리 선조들은 99세 생일을 백수(白壽)라 해서 크게 경축하였다. 9라는 완전수가 둘이나 합하니 경사로 쳤겠지만 그 단명하던 시대에 행여 한 해를 더 못 넘길까봐서 서둘러 축하 잔치를 벌인 지혜일 수도 있다. 어찌됐거나 산 사람들의 얘기다. 돌아간 분들에게는 그런 호사를 누릴 권리가 없다. 다만 못난 딸의 가슴에 응어리가 되어 버티고 있는 것은 어머니를 위해 할 수 있는 일이 아무것도 없기 때문일지도 모른다. 생전에 어머니께 효도를 못 했듯이 가시고 난 후에도 여전히 어머니의 꿈을 이뤄드리는 딸이 되지 못했다. 딸은 지극히 평범한 수준에 머물러 있어 어머니의 소원, 크게 성취하는 여성이 끝내 되어 드리지 못하고 이제 여생을 생각하는 노년에 접어들어 버렸다. 그나마 세상길을 둘이 함께 걸어가고 있다는 것이 어머니를 흐뭇하게 하리라는 생각으로 가슴을 좀 펼 수 있었는데 이제 그나마 옛 얘기가 돼 버렸다.

좀 더 큰 소리가 듣기 편하고 눈에서는 날파리가 계속 날아나가는 비문증에 시달리는가 하면 사냥개 코의 별명도 내려놓아야 할 만큼 후각도 둔해져서 옆에 놓은 찌개를 태우기도 다반사가 되었다. 이제 어머니의 꿈을 대신 이루어 드릴 일을 하기에는 남은 시간이 너무 짧다. 대단한 내 딸이라는 숙제는 포기하고 학교 다니는 동안 아무개의 어머니로 뽐낸 것으로 대신 하시라고 부탁드릴 수밖에 없을 것 같다. 그 다음 숙제는 너무 커서 도저히 이제 이루어 드릴 수 없는 것이 현실이다. 어머니가 하고 싶었던 일은 육영사업이었다. 딸은 어린 시절 그 꿈을 꼭 이루어

드릴 수 있으리라고 확신했다. 이제 석양에 서서 아직도 그 꿈을 버리지 못한다면 그것은 허영이 되지 않을까? 속만 탄다.

가족들을 불러 모아 밥을 같이 먹으면서 어머니를 추모할까? 친구들을 초대해서 어머니의 생일을 홀로 즐길까? 이 궁리 저 궁리 해보지만 다 마음에 들지 않는다. 어머니와 아버지는 이미 당신들의 꿈을 다 접고 지금의 후손들을 보면서 그것으로 흡족해하고 계실지도 모를 일인 것을 공연히 청승을 떨고 있는 것은 아닐는지. 현재에 충실하고 즐기면서 건강하게 잘 살라는 일념의 기도만 하고 계실텐데 공연히 자격지심에 괴로워하고 있는지도 모른다는 생각에 애써 마음을 달래본다.

선배에게서 전화가 왔다. 이번 송년행사에 장학금 모금이 있는데 한 구좌를 담당하라는 엄명이다. 제가 그럴 형편이 안 되는 줄 알면서 그러시느냐니까 언젠가 한번은 하고 지나가야할 것 아니냐며 강경한 입장을 누그러뜨리지 않는다. 순간 어머니가 떠올라 승낙을 했다. 심봉사 화주책 쓴 기분이지만 절묘한 선택이었다는 생각을 하면서 어머니 사진을 본다. 환하게 웃고 있는 얼굴 위로 아버지가 겹쳐지며 머리를 쓰다듬고 안아 주신다. 창밖의 달을 본다. 여전히 슬픈 얼굴이다. 어머니 아버지 애꿎은 달을 보며 목놓아 불러본다. 목울대가 저려온다. 언제나 돼야 이 이름을 부를 때 태연할 수 있을까? 늦가을 푸른 달빛이 방안으로 흥건히 고여온다.

(2013. 12.)

반복하는 실수

언제쯤이나 돼야 철이 들어서 제 몸 하나 간수나마 잘 할 수 있을까?

길을 걷다가 갑자기 무릎 뒤가 켕겨서 그 자리에 멈춰 섰다. 꼼짝을 할 수가 없다. 가로수를 붙잡아서 망정이지 그대로 쓰러질 뻔했다. 마침 달려온 택시에 타고 앉아 생각하니 한심하다. 3년 전에도 몸을 혹사하다가 갑자기 이런 꼴을 당했는데 다시 똑같은 일을 반복하게 되니 부끄럽다. 같은 실수를 두 번 하는 것은 바보나 하는 짓인데 정말 바보도 상바보인 셈이다. 사람의 몸이라는 것이 얼마나 정교한지 정확한 저울 같다. 무신경하게 지내다 보니 모르고 지나가서 그렇지 몸 주인이 한 대로 꼭 그만큼씩 정확하게 되갚아 주는 것이 우리 몸이다. 부모님 덕에 건강한 체질을 갖고 태어나서 아직껏 젊은 사람 못지 않은 체력으로 잘 버티고 있다. 하지만 그것이 요즘은 화근이 되는 것 같다. 지나치게 몸을 혹사해서 몸이 데모를 하기 시작한 것이다. 그 시초가 다리다.

또 얼마쯤 세월이 흐른 후 똑같은 소리를 중얼대며 힘겹게 일어설지 모른다. 그저 보통 인간 수준을 넘어서지 못하고 있는 자신을 너무도 잘 알기에 하는 말이다.

궁금증
그리고
덕담

할머니, 생신을 축하드려요. 그런데 할머니는 몇 살까지 사실 거에요? 건강하게 오래오래 잘 사세요. 7살짜리 손녀가 건네준 생일카드의 글이다. 축하는 하는데 이 할머니가 대체 언제까지 살려는지 궁금했던 모양이다. 그리고는 이내 인심 쓰듯이 아무튼 건강하게 오래도록 잘 살라는 소망을 써내려간 것이다. 그 대목에서는 마치 어린 임금이 늙은 신하에게 큰 하사품이라도 내리듯이 거드름을 피우고 서 있는 손녀의 작은 체구가 떠올라 웃음이 절로 나왔다.

제 나이에다 동그라미 하나를 더 붙여야 하는 할미의 나이가 그 아이로서는 세기도 힘든데 도대체 몇 살이나 돼야 사람이 죽는 것인가 궁금할 수도 있었을 거다. 그러나 이내 오래 살고, 또 이왕이면 건강하게 살라는 덕담과 함께 잘 살라는 축복까지 더했으니 얼마나 명문장인가? 귀여워 견딜 수 없어 한참을 아이를 안고 있었다.

그 어린 것의 소망대로 건강하게 잘 살다 갔으면 좋겠다. 다만 너무 오래 살지만 말고 말이다. 고령화 시대에 살게 된 것이 어쩐지 복을 받았다는 생각보다는 근심이 앞서는 세상이어서 걱정이다. 너무 오래 살다 보니 부모를 노후에 모시려는 생각을 아예 하지 않는 세태가 되어가고 있으니 효라는 말조차 거추장스럽다고 생각하는 세상이 올까봐 걱정이다.

그래도 손녀의 장수 소망 덕담이 담긴 생일카드를 받을 수 있는 우리 세대만 해도 부러움의 역사로 남는 일이 없기만 바랄 뿐이다.

(2013. 8. 20.)

옥양목 손수건을
잊지 못하고

여기서 통일을 절박하게 가슴으로 얘기할 사람은 장 선생과 나밖에 없는 것 같다는 한 마디에 좌중은 물을 끼얹은 듯 조용해졌다. 1990년 가을 수필문학 추천작가회의 발기모임에서의 일이다. 중요 안건에 대한 논의를 다 마치고 저녁을 먹으며 여기저기서 얘기들을 나누던 중 통일이 화두가 되어 너도 나도 들뜬 기분으로 한 마디씩 하던 중이었다. 소련도 무너지고 남북이 접촉을 시도하면서 마치 통일이 눈앞에 온 듯한 분위기가 넘쳐나던 시기였다. 황해도가 고향인 수필가 장돈식 선생과 평남 평원이 고향인 자신만큼 가슴으로 통일을 말할 수 있는 사람이 이 자리에 없다는 오창익 교수님의 말에 모두는 가슴이 먹먹해졌다.

손수 집을 지을 때 북으로 작은 창을 하나 트고 그 창가를 맴돌며 산다는 선생의 수필 '북창'으로 심금을 울렸던 오창익 교수님, 실향의 아픔을 달래기라도 하려는 듯 선생님은 유난히 가족 사랑이 대단한 분이다. 거시서 한 발짝 나간 것이 수필사랑과 제자사랑이 아닌가 한다. 16살 소년의 몸으로 대동강을 건너올 때 어머니가 흔들던 옥양목 손수건을 지금도 잊지 못하고 팔순을 맞았다. 연령적으로야 그 어머니는 이미 이 세상에 계실 수 없겠건만 선생의 가슴속엔 아직도 그 어머니의 살아 돌아오라며 흔들어주던 옥양목 손수건을 잊지 못하고 있는 것이다.

그 손수건의 정감 때문에 선생의 가족 사랑은 안으로 안으로 타들어간다. 큰딸을 시집보내면서 정원의 풀뿌리에 그 심사를 담아 한 편의 수필을 빚어 애틋한 부정을 노래하는 것은 단순한 글 솜씨가 아니라 가슴으로 탄 실향의 아픔이 밑거름이 된 한의 결정체가 그 가슴 깊숙한 곳에 자리하고 있음이다. 해바라기 씨앗으로 맺어진 인연, 부인 김경자 여사와의 사이에 위로 딸을 넷이나 두고서야 막내로 얻은 아들 동준군은 40이 다 된 오늘까지도 선생님에게는 물가의 어린애다. 모두들 아이들에게서 휴대폰을 떼어놓으려 한다지만 선생님은 일찍이 그 외아들이 대학생일 때부터 싫다는 것을 반 강제로 휴대폰을 채워 놓고 실시간으로 위치를 확인하고서야 가슴을 쓸어내리며 귀가를 기다릴 수 있었던 아버지였다.

수필이 수필답지 못하면 소품으로 전락하고 말 것을 염려하며 『창작수필(創作隨筆)』을 창간해서 수필의 창작성과 예술성을 지키려 지금도 힘겨운 수필지킴이의 자리를 떠나지 못하고 계신다. 1991년에 창간한 창작수필은 이제 선생님의 수백 제자가 해바라기 큰 숲을 이루고 있다. 수필문학으로 문학박사 학위를 받기는 선생이 최초이니 그것도 수필 사랑의 역사 한 페이지라 할 것이다. 작품을 다룸에 있어서는 더 없이 엄격하지만 인간적인 면에서는 여리기 그지없고 따뜻한 분이다. 외아들을 군대에 보내 놓고 아내에게도 들키지 않으려고 슬며시 서재에 들어가 하루하루를 달력에 빗금을 그어가며 아들을 기다리는 부정을 주제로 한 선생의 수필 맹목은 잔잔한 문장이지만 가슴에 불덩이를 치밀게 하는 감동과 충격으로 독자에게 다가오는 명문이다. 이것이 선생님의 인간적 면모이다.

근검절약이 몸에 온전히 배어 있는 선생님을 너무 굳다고 생각하는 사람이 더러 있지만 그것은 한 면만을 보고 하는 말이다. 북창의 산실인 집을 평생 살려고 지으셨다는데 아파트가 들어서게 되자 흔쾌히 양보하고 내주신 분이다. 이렇게 배려심이 있는 것이 명 수필을 쓸 수 있고 가르칠 수 있는 첩경이 아닐까 생각한다. 언제나 작품을 보여드리면 귀찮은 내색 없이 반갑게 보아주시고 지적해 주시는 다정한 스승이시다. 단신으로 월남하여 온갖 고초를 겪으며 오늘의 성취를 이루어 내신 선생님은 다른 사람의 어려움을 자신의 능력 범위 안에서라면 기꺼이 돕는 것을 당연하게 생각하고 실천하며 사신 분이다.

몸담았던 대학의 유력한 학장 후보로 거론되자 창작수필을 위해 그 중책을 사양하셨던 모습은 큰 감동이었다. 이번 팔순 기념 문집도 여러 분들의 자신에 대한 평가와 조명 대신 제자들 전원의 대표작집으로 엮어 내고 싶다는 뜻이 바로 선생님의 제자 사랑과 수필가 오창익 선생의 수필 사랑의 일관된 뚝심의 결정체라 볼 수 있다. 부디 건강하셔서 구순의 오창익 선생님이 빚어내는 명 수필을 만날 수 있기를 기원한다. 그 잔치를 부벽루에서 벌이고 대동강의 시원한 바람을 쏘이며 그 옥양목 손수건의 소원을 함께 풀 수 있다면 면 얼마나 좋을까?

(2013. 8. 28.)

윤달이 어쨌기에

해가 뜨고 지기를 반복하며 세상은 쉬지 않고 흘러간다. 시간이라는 것은 어차피 사람들이 자신들의 편의를 위해서 보이지 않는 공간을 마음대로 잘라 구분지어 놓은 것뿐이다. 태양 운동을 중심으로 양력을 정하고 달의 운동을 중심으로 음력을 정하다 보니 양력은 1달이 30일, 31일이 되어 날자가 조금 모자라 2월을 28일로 하여 1년을 맞추고 중간에 2월이 29일이 되는 해를 윤년이라고 해서 아귀를 맞춘다. 그런데 음력은 양력보다 2,3일 정도씩 모자라다 보니 차이가 많이 생기게 된다. 이 차이를 없애기 위해 생겨난 것이 음력의 윤달이다. 우리는 3년마다. 음력의 윤년을 맞이하는 것이다. 덤으로 생긴 달이라 생각해서 공달이라고도 부른다. 물론 표준어가 아닌 일부 지방에서 쓰는 말로 남아 있다. 예로부터 윤달은 공달이라고 치부되어서 좀 부담스러운 일을 이때 해결하려는 생각들을 하게 되었던 것 같다.

주로 연로한 어른들의 수의를 미리 마련하고 조상 산소와 관계된 산역을 이때 많이 하였다. 산소를 옮기는 이장이나 오래된 산소를 파서 유골을 수습해 처리하는 면례라는 산역들이 이루어졌다. 무너진 봉분을 다시 잘 다듬고 흙도 북돋우고 떼도 다시 입히는 등의 사초를 하기에는 봄이 좋으니 자연 3월이나 4월에 윤달이 들면 우리 산야는 그런 일들로 분주하다. 금년에도 예외 없이 산들은 이런 일들로 바쁘다. 그런데 그 일도 예전과 많이 달라졌다. 산소를 유지 보존하기 위한 사초 같은 일은 드물고 거의가 면례들이어서 파묘한 산소의 유해를 화장하느라 화장장이 성업 중이라는 얘기다. 이렇게 묵은 유해 화장 때문에 장례식을 제 때 치르기가 힘들 정도가 됐다는 것이다. 어쩌다 저승길 가기도 수월치 만은 않은 세상이 되어 가는 것 같다.

이대로 가다가는 국토가 묘지로 뒤덮일 지경이라고 화장으로의 전환을 계몽하기 시작한지 얼마 되지 않아 화장 선호도가 급격히 늘어났다. 당초 정부 당국은 매장에서 화장으로 국민 의식을 전환하는 일이 매우 힘들고 오래 걸릴 것을 염려하여 그 대책에 고심했지만 그것은 기우에 불과했다. 아니 어쩌면 국민들의 속마음을 예견하지 못한 미흡한 정책이었다고 볼 수 있다. 조상의 묘를 잘 관리하고 더러는 과시도 하고 또는 풍수지리설에 의지하여 명당을 바라는 우리들의 의식이 쉽게 깨지지 않으리라는 전제하에 화장으로의 정책전환을 하면서도 완충지대를 만들기에 급급했다. 서서히 하지 않으면 여론의 역풍을 맞으리라 염려한 나머지 15년을 매장했다가 그 후에는 화장해야 하는 것으로 정책의 기초를 잡았던 것이 최초의 의도였다. 갑자기 화장을 강제하면 국민 정서에 크게 상처를 줄 것이라고 생각한 것이다. 그러나 그 예상은 철저히 빗나갔다. 요즘 화장장이 모자라 억지로 4일장을 치르거나 서울의 경우는 먼 시골까지 찾아가서 장례를 마치는 촌극이 벌어지고 있는 현실이 그 설명이 되고 있다. 부모를 불에 태운다는 사실에 선뜻 동의할 것 같지 않던 사람들이 앞다투어 화장을 택하고 그런 유언도 늘어가고 있다.

올해는 윤3월이 들어서 묵은 무덤의 유해들이 줄을 잇고 찾아오는 바람에 전국의 화장장이 문전성시를 이루고 있는 것이다. 왜 이렇게 국민의식이 빨리 바뀌었을까? 처음에 15년 매장 후 화장을 골자로 하는 장묘관련법 개정 움직임이 있을 때 당국자에게 건의할 기회가 있었다. 번거롭게 하지 말고 바로 화장으로 가라는 제언을 했더니 천부당만부당 하며 큰일 날 소리 하지 말라고 했다. 불과 1세대도 지나기 전에 부족한 소시민의 제언이 들어맞는 현실이 온 것이다. 그 이유가 어디 있을까? 거의 왕릉에 가까울 정도의 덩치 큰 조상 산소를 관리해온 며느리들의 의견을 전혀 반영하지 않고 세운 정책이어서 그렇다고 본다. 예전에는 위토답은 절대 팔지 못하고 장자에게 의무적으로 상속되고 그 산소관리 의무 또한 장자의 절대의무였다. 농경사회에서 위토답은 바로 생명줄처럼 소득을 가져다 주었고 그 소득으로 관리가 가능했다. 그 후 법이 바뀌면서 위토답도 매매할 수 있게 되자 가난한 양반네들이 그것을 모두 내다 팔고 보니 후손들은 월급 받아서 산소 관리를 하게 되었다. 그런데 산소 관리 의무는 장자에게 남고 장자에게 월급을 더 주는 곳은 아무데도 없다.

시집 온 다음 해에 조상 산소 사초를 하신다는 시아버님 말씀에 곗돈 탄 것 몽땅 드리고 나서 허탈하고 야릇했던 기억은 지금도 선명하다. 갚아 주겠다던 남편의 약속은 아직도 유효한지 모르겠다. 그 약속을 못 지킨데 대한 변명 한 마디 없이 그는 얼마 전 하늘로 갔다. 정책 입안자들이 가정의례준칙의 역사를 자세히 관찰했더라면 이런 우를 범하지는 않았을 것이다. 상례나 제례에 대한 것은 준칙을 기다리기라도 했다는 듯 빨리 지켜지면서 거의 완전히 정착되었다. 하지만 혼례는 좀처럼 지켜지지 않아서 음식 대접을 할 수 없이 풀어주는 등 혼례식과 관련된 여러 가지 역기능이 회자되는 것은 어제 오늘이 아니다. 좀처럼 고쳐지기 힘든 상태에 있다. 어찌 보면 좀 더 인내심을 갖고 계속 밀어붙였더라면 좀 정착이 되지 않았을까 하는 아쉬움이 있지만 그것은 희망사항일 뿐일지도 모른다. 자식에 대한 일이라 안 고쳐지는 것이다. 이 점을 통찰했더라면 화장장을 좀 더 많이 만드는 일을 게을리 하지 않았을 것 같기도 하다.

양지가 있으면 음지가 있다 했던가? 바로 이 윤달 때문에 속을 태우는 사람들이 있다. 혼인을 앞둔 선남선녀들이다. 무슨 근거에서인지 윤달에는 혼인을 안 한다는 속설 때문에 이 좋은 춘삼월을 멀거니 흘려보내면서 4월이 오기를 손꼽아 기다리는 사람이 한둘이 아니다. 속을 태우는 것은 청춘 남녀만이 아니다. 예식업과 혼수 관련 업체들은 모두 안달이 나기 마찬가지다. 전세 든 사람이 갑자기 이사를 한다기에 집을 내놓았는데 윤달이라 신혼부부가 없어서 꼼짝을 않는다는 부동산중개업자의 말에 속을 끓이고 있는 친구의 하소연이 가까웠다 멀었다 한다. 윤달이 어쨌기에 혼인을 하면 안 좋다는 것인지 참 알다가도 모를 일이다. 때를 놓칠세라 서둘러 조상의 묘를 파헤치는 그 손으로 4월이 오기만을 손꼽아 기다리며 달력을 짚어 나갈 부모들의 심사를 떠올려 본다. 왠지 헤설픈 웃음 한 자락 입가를 스쳐간다. 나도 할 수 없이 유언을 해야 할

까보다. 우리 아이들이 윤달에 바빠지지 않게 하려면 말이다. 윤달이 묻는다 내가 무엇을 어쨌기에 모두들 이러느냐고….

(2012. 4.)

미안하다는 말밖에는

이상기온으로 3월에 벚꽃이 강산을 덮는 이변을 연출해 내더니 괴변이 일어나고 말았다. 2014년 4월 16일 그날은 어른들 말대로 일 낼 날씨였다. 안개가 짙은 것만이 아니라 당장이라도 폭우를 퍼부어댈 것 같이 컴컴하고 음산한 날씨였다. 아침 8시를 넘긴 시간에 제주도로 수학여행을 가던 중인 단원고교 학생들은 세월호라는 배에 탄 채 아침 바다를 보며 진도 앞바다 병풍도 근처 맹골수도를 지나가고 있었다.

몇 시간 후면 도착할 제주에 대해 한껏 부푼 마음들을 나누며 이야기꽃을 피우고 있었다. 잠시 후 배는 기우뚱하고, 모두 선실에서 움직이지 말고 있어야 안전하다는 안내방송에 따라 객실로 들어가 조용히 질서를 지키고 있었다. 말 잘 들은 그 어린 생명들을 기다린 것은 안전이 아니라 위기였고 그들을 끝까지 지켜내야 할 선장은 그 사이 구조노력은 시도조차 하지 않은 채 선원(선박 직원 전원)들을 데리고 배를 빠져나와 먼저 구명정에 몸을 싣고 배를 버렸다. 더 놀라운 것은 무전기로 서로 연락해서 조종실에 모인 후 선원들만이 아는 통로를 통해 재빠르게 배를 빠져나갔다는 어처구니없는 사실이다. 곧이어 배는 선수 일부만 남긴 채 물속으로 가라앉았고 꽃다운 아이들은 어이없이 어둠속에 갇혀 버렸다. 객실이 순간 격리되어 완전 침수되지 않고 에어포켓이라는 것이 생겨 생존해 있을 것이라는 실낱같은 희망을 갖고 엿새째 구조작업이 진행 중이다. 가족들은 피가 마르고 그 와중에 살아 나왔던 인솔 책임자 교감이 스스로 목숨을 끊는 비극까지 겹치면서 온 나라가 깊은 비탄에 빠졌다.

행여나 살아 돌아오기만을 눈 빠지게 기다리는 실종자 가족들에게 그 기쁜 소식보다는 충분히 구조될 수 있었는데 어찌어찌한 잘못으로 아까운 시간을 허비해 버렸다는 사고원인에 관한 이야기만 전해지면서 두 번 세 번 가슴에 칼을 맞고 있는 상황이다. 구조되어 구사일생의 기쁨을 안은 사람도, 실종된 가족의 생환을 애타게 기다리는 가족들도, 친구들이 돌아오기만을 기다리는 어린 학생들의 마음도 모두 하나같이 걷잡을 수 없는 공황상태에 빠진 형국이다. 이것이 오늘 2014년 4월 21일 아침의 한국 땅이다.

선장은 배와 운명을 같이 하는 것을 상식으로 생각해왔던 우리들의 기대는 산산이 깨진 정도가 아니라 어떻게 저런 사람이…라는 탄식 이외에 말이 이어지지 않는다. 배에서, 해상에서 사고가 나면 배를 가장 잘 아는 선장의 지휘 하에 승객을 안전하게 구조하도록 모든 조치를 취하고 선원들은 그 일을 마땅히 수행해 줄 것을 믿고 승객은 배에 올라 몸을 맡길 수 있는 것이 아니던가? 그럴 리야 없겠지만 이번 선장의 행동은 마치 자신들의 대피 길을 평탄히 열기 위해 모든 승객의 발을 객실에 묶어놓고 자신들만 유유히 빠져 나온 격이라는 독설이 퍼부어진다 해도 할 말이 없을 상황이다. 그야말로 입이 열 개라도 할 말이 없는 일이다. 이들의 행동은 살인이고, 그것도 함께 의논해서 저지른 살인으로 가장 죄질이 나쁜 살인이다. 사고는 날 수도 있지만 자신들의 의무를 다하지 않으므로써 귀한 생명을 죽을 곳에 버려두었으니 살인이 아니고 무엇이란 말인가? 오히려 안전을 위해 선실에 대기하라는 안내방송만 안했어도 배가 이상한 움직임을 보였을 때 본능적으로 뛰쳐나와 갑판으로 몰려와 있었다면 가까이서 달려온 어선에 의해서라도 구조될 수 있었을 상황이었으니 얼마나 통분할 일인가 말이다. 자신들은 빠져 나오면서 비상벨조차 울리지 않았으니 그들 눈에는 사람이 짐짝 정도로 보였던 모양이다. 인면수심이라는 말보다 더 한 말은 없을까?

사람에게 목숨이 하나씩밖에 없기에 누구에게나 목숨이 소중하기는 마찬가지다. 자신의 생사가 갈림길에 섰는데 어떻게 누구를 돌보라는 말이냐고 항변한다면 그런 사람은 애당초 선장이 되지 말았어야 한다. 막중한 책임과 귀한 사명을 가졌기에 선장에게 주어지는 권한 또한 전폭적이며 대단한 권위를 인정하고 있다. 선장의 자리는 대통령이나 왕도 앉을 수 없는 것이 관례임이 그런 것들을 증명해주고 있지 않은가? 이번 세월호 선장 같은 파렴치한 선장에게는 그 귀한 선장의 사명이나 권위 등은 그야말로 개발의 편자였다. 그런 사명감이 없으면 선장은 하지 말아야 한다. 그동안 우리나라 안에서 배를 타고 다니면서 아직까지 목숨을 부지하고 있는 것이 오히려 기적이다 싶은 생각이 들어 슬그머니 목을 만져본다.

2010년 7월초 수필문학가협회가 바로 이 항로를 따라 똑같은 코스의 배에 몸을 싣고 밤새 배 안에서 선상세미나를 열띠게 하고 다음날 아침

제주항에 내려 사려니 숲길 올레길을 걸었다. 평소 수영을 못하는 터라 보트도 잘 안 타는 사람이다 보니 그 여행을 극구 반대하고 끝까지 빠지겠다고 버티다가 할 수 없이 막바지에 합류해서 배에 올랐다. 올라보니 배가 허름해 보여 마음이 편치 않았지만 이왕 탄 것, 일행들을 불편하게 할까봐 내색을 안 한 채 속으로 얼마나 하나님만 찾았던지 염치없을 정도로 기도했다. 김만덕 기념관을 둘러본 후 다시 그 배를 타고 인천항 연안부두에 내렸을 때 긴장이 풀려 도저히 걸을 수 없었다. 한참을 쉬었다가 해수탕에 들어가 몸을 풀고서야 집으로 돌아왔던 기억이 새롭다.

지금 생각해 보니 그 때 구명정을 어떻게 이용한다든가, 구명조끼를 재빨리 찾아 입어야 한다든가, 만약의 경우에 갑판으로 빠져나오는 경로라든가 하는 안전 수칙에 대한 안내를 들었는지 어쨌는지 도무지 기억이 없다. 비행기에 타면 으레 승무원이 시범을 보이며 안전교육을 시키지만 그것 역시 그저 흘려듣기가 일쑤임이 솔직한 고백이다. 처음 비행기를 탔을 때는 열심히 듣고 직접 해보고 싶었을 정도로 열심이었지만 여러 번 타면서는 타성이 생겨 별로 중요하게 생각하지 않은 것이다. 바로 나 자신의 이런 안전 불감증이 오늘의 세월호 참변을 불러온 주원인이라면 나 역시 이번 참변에 돌을 던질 자격이 없다는 생각이 들면서 아이들에게 한없이 미안해진다.

그 때 그 배를 탔을 때 느꼈던 부족한 점이 시정되도록 노력했어야 하는데, 후유 별일 없이 돌아왔다는 안도의 숨만 쉬고 말았으니 우리나라 여객선들은 세월호처럼 엉터리 선장에게 수백 명의 생명을 맡기는 어이없는 실수를 반복하며 다닌 것이라 할 수도 있다. 사고 나는 것이 차라리 당연하고 무사했던 것이 오히려 기적인 상황이 우리 여객선의 현주소라 하면 너무 심한 말이 되려나? 오히려 그랬으면 얼마나 좋으랴만 그렇지 못한 것 같아 가슴이 아프고 답답해진다. 우리 대한민국의 국격은 지하 수십 미터로 곤두박질치고 말았다. 삼등 국가, 삼류 국가가 아니라, 조사가 진행되면 될수록 더 낮은 수준으로 내려갈까 걱정이다. 해상의 모든 배의 움직임을 예의 주시하고 있어야 될 책임부서가 전혀 세월호의 상태를 모니터하지 못하고 있었다는 보도는 정녕 오보였으면 좋겠다. 필사의 노력으로 끝까지 승객을 탈출시키고 정작 자신은 때가 늦어 배와 함께 의연히 물속으로 가라앉는 장엄한 모습의 선장은 영화 속에서나 볼 수 있는 것이 우리의 현실이었다. 계속되는 보도는 점점 입이 다물어지지 않는 소식들만 쏟아내고 있으니 부끄럽기 그지없다.

위법과 불법 부정 부조리에다 안전 불감증 등 모든 것들이 합세해서 빚어낸 필연적 사고라고밖에 말 할 수 없는 현실 앞에서 바로 내가 죄인임을 실감하며 큰길가에서 발가벗김을 당한 것 같은 수치심에 얼굴을 들 수가 없다. 하늘 보기가 두렵다는 말이 무슨 뜻인지 알 것 같은 심정이다. 그동안 선진국 문턱에 와 있다고 생각했던 우리는 예쁜 종이에 포장된 쓰레기일 뿐이었더란 말인가? 오늘 2014년 4월 22일 한국 땅에 사는 어른임이 수치스럽다.

미안하다. 어른들의 이기심과 생명경시와 안전 불감증과 방관이 총체적으로 부실한 사회를 만들어 오늘 죄 없는 너희들을 어둠에 갇히게 하였으니 면목이 없다. 미안하다. 정말 미안하다. 용서해 달라는 말을 차마 할 수 없구나 미안하다. 애들아, 정말 미안하구나.

이 말밖에 할 수 없는 이 바보를 위해 때 이른 하얀 꽃은 저리도 무리지어 피었더란 말인가?

(2014. 4. 21.)

21세기 하늘

사람이 짐승과 다른 것은 본능대로 행동하지 않고 할 일과 못 할 일을 구분해서 행동하는 것이다. 이성이라는 것으로 자신의 감정을 조절하는 능력을 갖고 있는 것이 동물이 못 가진 인간만의 강점이 아닐까? 살다 보면 이성이라는 것이 거추장스럽게 느껴질 때가 한두 번이 아니지만 그래도 그것이 인간과 동물을 가르는 가장 중요한 척도이기에 그것을 자긍하며 살아간다. 감정대로 하면 세상은 날마다 피비린내로 넘쳐나다 못해 벌써 다 망해서 흔적도 없이 사라졌을지도 모른다. 오죽하면 소리 없는 총이 있다면 쏘아죽이고 싶다는 말이 있을 정도이겠는가 말이다. 미움과 증오는 끝 간데없이 커지고 화는 주체할 수 없이 밀어 닥치고 귀찮기가 원수 같은 것이 세상사일 수도 있다. 하지만 사람은 사람으로 살아가야 하기에 도리라는 것을 익혀 이성으로 감성을 지배하는 훈련을 받아왔다. 이것이 교육이고 특히 이러한 인성 교육은 어려서 가정교육에서 거의 완성되어야 한다.

사람의 도리와 이성에 의해 감정을 조절하고 눌러야 되는 것을 가르칠 때 기준으로 삼는 것이 하늘이었다. 하늘 무서워 어떻게 그런 짓을 하랴는 것이 우리 행동 규범의 중요한 잣대였다. 주위에 누가 지켜보는 이가 없어도 하늘 무서워서 부모를 학대하지 못하고 험한 짓을 못했다. 인간의 도리로 그러하지 못했다. 남의 자식이라 해도 어린 것은 힘이 없으니 함부로 대하지 못하는 것은 거의 몸에 배다시피 한 상식이었다. 꼭 누가 지켜보니까 아이에게 함부로 못하고 부모를 잘 모시는 것이 아니었다.

복지국가 복지사회로 가야 한다면서 일부 소외계층의 문제는 해결을 보았는지 모르지만 어설픈 요양제도가 효라는 미덕을 일시에 끊어 놓더니 이제 어린이집에서 아이를 심하게 때리는 사고가 터지면서 온 나라를 벌집 쑤시듯 들끓게 하고 있다. 지난해 4월의 세월호 악몽이 아직도 경제를 곤죽으로 만들고 있는데 그 후유증을 털어내기도 전에 정초부터 어린이집 폭행사건으로 비상이 걸렸다. CCTV가 있어서 그 장면이 적나라하게 온 나라에 내보여지면서 불길은 무섭게 타올랐다. 그 곳만이겠느냐? 전면 조사를 해야 한다. 그동안 설치만 해놓았지 감시를 안 해서 얼마나 많은 어린이들이 이런 만행의 사각지대에 놓여 있었는지 모른다 등등 여론이 들끓고 부모들과 어린이들의 증언이 나오면서 추가 발표가 줄을 잇고 있다. 정말 어디까지 가려고 우리 사회가 이 모양인가 자탄의 한숨이 봇물 터지듯 하고 있다.

이번 사고를 발견하게 해 준 일등공신인 CCTV라는 것을 모든 어린이집에 의무적으로 설치 확대해야 하고 정기적으로 점검해서 즉시 감시가 이루어지도록 해야 한다는 제도 보완과 즉각 실시라는 목소리들이 날카롭게 귀를 찌른다.

문제의 발단이 된 인천 송도의 한 어린이집 교사의 아동 폭행은 얼핏 봐도 기가 막히는 수준의 강한 폭력이어서 입이 다물어지지 않는다. 건장한 체구의 어른이 그 조그만 어린아이에게 마치 권투선수가 작심하고 펀치를 날리듯 엉덩이까지 들썩이며 강하게 내리쳐서 밀어 넘어뜨리는 장면은 분노를 넘어 몸을 떨게 만든다. 아이가 아무리 말을 안 듣는다 해도 맡아 기르는 사람의 입장에서 어떤 이유로도 변명을 할 수 없는 기막힌 행패이다. 편식을 예방하려는 교육적 목적으로 안 먹겠다는 김치를 먹으라고 다그치다가 일어난 일이라고 하는 경위 설명조차 가관이다. 좋은 습관을 들이는 것도 좋지만 아이의 눈높이에 맞는 지도가 이루어져야 한다는 것쯤은 교육을 받고 남의 아이를 맡았어야한다. 그 어린 것에게 강요하며 가르치면 된다는 식의 교사 태도가 일차적인 문제의 발단이다. 그 것보다 더 중요한 것은 아이를 무조건 사랑으로 보기를 좋아하는 사람이 아니면 보육교사가 되어서는 안 된다는 점이 간과된 인사배치였던 것이라고 볼 수 있다.

제 자식도 말 안 들을 때는 화가 치밀어 야단치고 싶은데 남의 아이야 말썽을 부릴 때 얼마나 속이 상하겠는가? 그럴 때 감정으로 대할 수밖에 없는 사람은 절대 남의 아이를 맡아 기를 수 없다. 그런 사람은 보육교사가 되어서는 안 된다. 내 아이가 김치 좀 안 먹었다고 그 어린 것에게 그토록 무자비하게 폭력을 휘두를 수 있겠는가? 그렇지 않을 것이다. 그래서 남의 아이에게도 그렇게 해서는 안 되는 것이다. 이럴 때 우리는 하늘 무서워서 차마 못한다고 생각하며 살아왔고 가르쳐왔다.

그렇다 이런 사태를 막을 수 있는 대책은 CCTV 확대 설치보다 하늘의 회복이 먼저다. 단기적인 처방으로는 제도를 만들고 처벌을 강화하고 감독을 철저히 해야 한다. 물론 그런 것들이 있을 때 사람이 그것이 무서워서라도 일을 저지르지 못할 수 있다. 그러나 그런 단기처방만으로는 문제의 근본해결은 불가능하다. 열 군사가 한 도둑을 못 지킨다는 옛말은 지금도 진리이다. 아이를 사랑할 수 있는 인성의 사람을 뽑아야 하고 만약 부족한 사람이 뽑혔더라도 그 일을 맡게 되었을 때는 그런 사랑의 마음이 솟아나는 사람으로 변화되어지도록 철저하고 과학적인 교육을 거치도록 제도화해야 한다. 돈벌이의 수단으로만 할 수 없고 해서는 안 되는 것이 보육교사이다. 아이가 좋아서 견딜 수 없는 사람으로 변모시키는 것이 중요하지 기계를 매달아 그 신식 하늘이 무서워, 싫은 일을 하면서 '아이고 내 팔자야'를 속으로 뇌까리며 소중한 우리 아이들을 뒷바라지 하는 수준의 보육교사는 사절이다.

노령사회의 넘쳐나는 노령 여성들을 보육교사 조력자로 봉사할 수 있는 문을 여는 것도 신중히 검토해 볼 일이다. 아직 철이 덜 들어 아이들을 귀찮아하는 교사들이 있을 수 있으니 그 사랑의 공백을 할머니의 사랑이 메워 주는 묘안이 될지도 모를 일 아니던가? 이런 것을 제도화하자는 양로탁아를 오랫동안 주장해 보았지만 내가 전문가가 아니다 보니 아무도 귀를 기울여주지 않았다. 요양원에도 거리 곳곳에도 보육원에도 학교에도 세상 모든 곳에 CCTV라는 신식 하늘을 달아 놓고 우리의 마음을 메마르게만 하고 있는 현실이 씁쓸한 뒷맛으로 다가와 입안이 온통 땡감 씹은 기분이다. 이제 그 귀하신 몸을 21세기 새 하늘로 모시고 살아야 한단 말인가? 싫다. 예전의 하늘, 양심 속에 있던 하늘이 거기 있어야 한다. 하늘 무서워 감정을 누르는 세상에 살고 싶다. 사람이고 싶다.

(2015. 1. 19.)

5

만수옥 깍두기

- 돌아갈 수 있다면
- 무언의 멘토 판디트
- 답게
- 여자가 어떻게
- 양극화
- 대통령의 손가방
- 만수옥의 깍두기
- 부럽다 못 해 시샘이

돌아 갈 수 있다면

새로 우뚝 선 법학관 앞에 섰다. 이제 법과대학이 아니라 로스쿨 이다. 법률학교가 아니고 왜 꼭 로스쿨이라고 하는지, 이러다가는 변호사에게 간다는 말도 로이어에게 간다고 해야 통하는 세상에까지 이르는 것은 아닌지 객쩍은 걱정도 된다. 내 나라 언어가 없는 민족은 망해도 언어를 지키고 있는 민족은 망하지 않는다 하지 않던가? 일본이 그렇게도 말살하려고 혈안이 되었던 우리 언어를 좀 더 살갑게 지켜나갔으면 좋을 것 같다는 생각이 든다.

반세기 전 홍안의 소녀가 교문을 들어서면 우람하면서도 아름다운 본관 석조 건물의 위용에 숨이 멎을 것 같았는데 이제 그 가슴도 식었고 학교도 많이 변했다. 지금 이 자리만 해도 우리가 학교 다니던 시절에는 발길도 닿지 않던 구석진 곳이었다. 조금 걸어 내려오니 여학생 회관이었던 금란실 자리에는 동원 글로벌 리더십 센터가 자리하고 있다. 고층으로 짓지 않고 아담하게 지어져서 그때의 정취가 그대로 살아있는 것 같아 마음이 흐뭇하다. 자리를 차지하려고 새벽부터 찾아왔던 도서관은 대학원 건물이 되고 그 옆에 더 큰 규모의 중앙도서관이 우뚝 서 있다.

조금 더 걸어가니 옛 농과대학 자리인 듯한데 사범대학이 되어 있고 농과대학 건물은 잘 찾아지지 않는다. 아마도 헐리고 새로 지어진 모양이고 농과대는 과 이름도 현대적으로 바뀌고 애기능 자연대 캠퍼스 쪽으로 옮겨간 것 같다.

1960년 4월18일 우리는 농과대학 건물의 한 강의실에서 1교시 국어 수업을 받으려고 기다리고 있었다. 문이 삐죽 열리더니 웬 젊은 남자가 들어왔다. 무슨 교수님이 저렇게 젊을까 싶기도 하고 분위기가 좀 이상했다. 뒤이어 누군가가 또 들어온 것 같기도 한데 그 기억은 잘 나지 않는다. 선배라고 소개한 후에 오늘 이 수업이 끝나자마자 바로 인촌 동상 앞으로 모이라는 당부를 하러 온 것이었다. 여러분들의 신입생환영회가 있으니 한 사람도 빠지지 말고 다 나오라는 간곡한 당부를 남기고 교실을 나갔다. 우리는 국어 수업이 끝나기가 무섭게 인촌 동상으로 달려갔다. 10시가 조금 넘었는데 이렇게 이른 시간에 무슨 환영회를 어떻게 하겠다는 것인지 점심을 주기에는 이른 시간이고 환영회를 맨입으로 할 것인지, 빵이라도 줄 것인지 궁금증으로 설왕설래하며 본관 앞 인촌 동상 쪽으로 갔다. 학생들이 가득 모여서 웅성거리고 있는데 모두 머리에 고대라고 쓴 수건들을 질끈 동여매고 있는 것이 영 환영회 분위기가 아닌, 어딘지 모르게 좀 살벌하고 긴장감이 감도는 그런 느낌이었다.

이 나라 민주주의를 지키기 위해 우리는 더 이상 좌시할 수 없어 오늘 일어섰다. 자 가자 국회로! 자유 정의 진리의 고대 정신으로 이 땅에 정치적 자유와 학원의 자유를 쟁취하기 위해, 독재로 짓밟힌 정의를 살려내기 위해, 세상을 제대로 바꾸어 참 진리가 통하는 세상을 만들기 위해 오늘 우리는 앞으로 나간다는 선배들의 연설을 들으며 우리는 이미 걷고 있었다. 교문을 박차고 거침없이 걸었다. 안암동 로타리쯤에서 행렬이 좀 지체되는 듯하더니 이내 길이 열렸다. 동대문쯤까지 행렬의 흐름은 순조로웠다. 거기서부터 행렬은 다시 방해를 받기 시작하는 것 같았다. 인도 쪽으로 옮겨 걷다가 종로 5가부터는 어렵게 진행하였다. 종로 3가를 지나 파고다 공원 앞에 이르렀을 때 웬 남자가, 알고 보니 선배였다. 옆으로 바짝 붙어 지나가며 악수를 청했다. 흩어져서 요령껏 국회의사당 앞으로 집결하라는 말을 전하기 위함이었다. 일경의 눈을 피해 독립운동이라도 하고 있는 것 같은 착각이 잠깐 들었다.

6.25 전에 저동, 지금의 영락교회 선교관 자리가 우리집이었고 교동 초등학교를 다녔기에 여기가 내놀던 옛 동산이건만 피난 생활 10년 만에 대학 진학으로 서울에 올라온 지 겨우 2달이라 길을 잘 모르겠어서 서울 친구들을 놓치지 않고 쫓아가느라 무진 애를 쓰면서 국회 의사당 앞까지 무사히 갔다. 이미 태평로 길을 가득 메우고 앉아 있던 사람들이 가운데 자리를 둥그렇게 비우더니 여학생들을 앉으라는 것이 아닌가? 군중이 많아 위험하니 자기들이 보호해야 한다는 것이었다. 그때의 감동은 지금도 가슴 한 구석에 따뜻한 불씨로 남아있다. 평소에는 만원 버스 안에서 자리를 양보하기는커녕 가방도 제대로 받아주지 않을 뿐더러 운동경기처럼 밀고 들어가며 매달리고 타야 하는 버스 승차 전쟁에서조차 여학생에게 한 치의 양보도 할 줄 모르던 비신사들이었는데 어쩌면 이렇게 멋질 수 있단 말인가? 그날은 달랐다. 그때 그 태평로 의사당 앞은 옮겨진 고대 캠퍼스였다.

이것이 고대생 4.18 의거이고 4.19혁명의 발화점이 된 것이다. 3.15 부정 선거를 성토하며 이승만 독재정권의 즉각 퇴진을 주장하는 연좌데모를 계속하는 동안 학생 대표들과 정치인, 이세기, 김중위 등의 학생 대표들과 이철승 선배와 유진오 총장의 말씀 등을 들었고 우리의 뜻을 요로에 전달해서 관철되도록 하겠으니 돌아가라는 당부를 받아들여 우리는 자리를 털고 일어났다. 여학생들은 바로 귀가하라며 버스 정류장까지 안내해 주었다. 등 떠밀리다시피 차에 올라 집에 왔는데 뒤미처 라디오는 귀를 때렸다. 고대생 피습사건이 터진 것이다. 이것이 종로 4가 천일극장 앞에서 학교로 돌아가던 고대생의 행렬에 깡패들이 뛰어들어 무자비하게 폭행을 감행한 사건이다. 임화수 일당의 정치깡패들이 벌인 이날의 폭력극은 고대의 4.18을 4.19혁명으로 승화시킨, 촉매제가 되어 주었고 결국 이승만 대통령의 하야로 이어지며 독재 정권을 무너뜨리는 찬란한 역사의 꽃을 피워내는 견인차가 되어 주었다.

잠시 동안의 소용돌이를 거치고 학교는 다시 평온해졌다. 우리는 금곡릉으로 소풍을 갔는데 카키색 헝겊 뚜껑이 덮인 군용차 같은 트럭을 타고 갔다. 6월이었던지 그 속은 찜통 같았다. 반세기가 지나 머리에 서리를 이고 냉방차에 앉아 달려가지만 그때 그 찜통 같은 차를 타도 좋으니 그 시절로 갈 수만 있다면 한없이 좋을 것 같다. 함께 웃던 현옥이, 은주, 홍숙이 모두들 무엇이 그리도 급했는지 이미 우리 곁을 떠났다. 조금도 변하지 않고 그대로 뚫려 있는 본관 뒤 오솔길을 따라 넘어가니 인촌 기념관이 품을 벌리고 기다린다. 옛날에 인촌 선생님 묘소 자리다. 잔디를 밟지 말라고 몰아세우던 경비 아저씨의 호통소리가 귀에 들리는 듯하다. 학생들이 훗날 찾아왔을 때 잔디가 다 죽고 흙밭이 돼 있으면 좋겠느냐며 애지중지 다듬던 잔디는 이제 대리석 바닥으로 바뀌었다.

천천히 걸음을 옮겨 빼곡히 들어선 건물들을 지나서 강당 옆으로 해 도서관을 지나 인촌 동상 앞에 섰다. 회양목 울타리의 운동장이 신식 공간으로 재탄생되어 학생들의 열린 공간이 되어 있다. 입실렌체이호를 목이 터져라 하고 외치던 운동장 잔디 스탠드에 앉아 있는 친구들 옆에 서둘러 달려가 앉는다. 맹호는 굶주려도 풀을 먹지 않나니… 응원가가 지축을 흔든다. 그래 그 기상으로 세상을 사느라 얼마나 힘들었는지 모른다. 현실과 타협하지 못해 얼마나 손해를 많이 보았는지 모른다. 그래도 좋다. 후회는 더더욱 없다. 어차피 한번 살다 가는 세상 거리낌없이 살았으니 여한도 없다. 하나님이 내게 주신 이 세상에서의 시간이 얼마가 남았는지 알 수는 없으나 아마도 가는 순간까지 이대로, 살아왔던 대로 배짱껏 살다가 볼 일이다.

(2010. 3.)

무언의 멘토 판디트

사람의 일생이 언제 누구를 만나느냐에 따라 크게 방향이 달라질 수도 있고 운명을 바꾸게 되는 일까지도 생길 수 있다. 초등학교 5학년인가 6학년인가 잘 기억나지 않지만 그 무렵 유엔 총회 의장에 인도 네루 수상의 여동생이라는 판디트 여사가 당선되었다고 라디오가 시끄럽게 떠들었다. 신문에 큼지막하게 실린 기사를 본 어린 소녀는 경이로운 환상에 사로잡혀 허공에 뜬 것 같았다.

아 아 여자가 이럴 수도 있는 것이구나, 어떻게 하면 이렇게 되느냐는 물음에 외교관이 되어야 한다는 것이 이종오빠의 답이었다. 그래 이제 판사의 꿈을 접고 외교관이 되어야겠다 마음을 정하고 외교관이 되려면 어떻게 해야 되느냐고 오빠에게 물었다. 좀 심각해진 이종오빠는 네가 외교관이 되려면 좀 어려울 것 같다고 고개를 저었다. 이유를 따져 묻는 내게 들려준 오빠의 대답은 청천벽력과도 같았다. 외교관은 예뻐야 하는데 너는 그 인물로는 어렵다는 것이 아닌가? 나라 사이의 일을 해결하는 중요한 일에 실력이 있으면 되지 얼굴이 무슨 소용이냐고 따져 묻는 어린애에게 네가 어려서 몰라서 그렇지 다 그런 게 있다는 묘한 대답을 남기고 그냥 판사가 되는 것이 좋겠다고 했다.

오빠의 그날 조언이 큰 도움이 되기보다는 의기소침하게 만드는 역기능이 강하긴 했지만 판디트는 여전히 나의 우상이었고 여자도 무엇인가를 할 수 있고 남자를 이겨낼 수도 있다는 실증으로 나의 중요한 멘토가 되어 주었다. 직접 만나지 못했지만 내 인생의 중요한 방향타가 되어 준 판디트를 나는 지금도 사랑한다. 비록 내가 외교관도, 판사도 되지 못했지만 나로 하여금 한없이 콧대를 높이고 남학생들과 어깨를 겨루며 기죽지 않게 해준 원동력이 그 여성과의 만남이었다.

로맨틱한 만남은 아니지만 얼굴도 마주하지 못한 그 만남은 지금도 소중한 추억의 한 토막이다. 1950년대 초반의 이야기다.

이제 60여 년이 흘러간 오늘의 대한민국은 여성 외교관이 넘쳐나서 안된다고 여성 합격률이 높은 외무고시를 다른 방법으로 개편한다며 여성의 신출을 사실상 억제할 묘안을 찾을 정도의 사정으로 변했다. 인물이 고와야 외교관이 된다던 우리 이종오빠도 구순을 바라보는 노인이 되었다. 그 때 내게 좋은 조언자가 되어 주었더라면 혹시 누가 알랴? 여동생 덕택에 아프리카 구경이라도 했을지 말이다. 세상은 변했지만 아이들이 어른의 말 한마디에 운명이 달라지는 것은 똑같은 진리이다. 내가 쓰는 글 한 줄이 어느 사람에게 그의 생을 바꾸게 되는 전환점이 될 수도 있음을 항상 명심하고 글을 쓴다.

둘째 조카의 딸이 유엔 본부의 정식 직원이 되어서 돌아왔다. 축하한다는 격려를 보내며 감회가 새로웠다. 직계는 아니지만 대를 물려 뜻을 이룬 것 같은 대리만족감을 좀 느낄 수 있기도 하고 아버지께 '내가 이루어 드리지는 못했지만 아버지의 피가 흘러 오늘 이렇게 국제적인 인재가 우리 가문에서 나왔어요.' 라고 속으로 외치고 있었다.

나를 만나서 좋은 계기가 되었다고 생각하는 사람이 몇이나 있을까? 그런 사람이 한두 명만 있어도 성공적으로 살았다고 할 수 있을 텐데. 있으면 좋겠고 없으면 죽기 전에 그런 사람을 꼭 만들어 놓을 수 있으면 좋겠다.

(2009. 8.)

답게

이 세상에 같은 것은 하나도 없다. 하지만 그것들이 함께 살아갈 수 있는 것은 그 마다의 역할이 달라서 부딪치지 않을 뿐더러 서로의 본분을 다함으로써 상호보완 작용에 의해 우리 모두가 한데 섞여 살아가는 것이 아닌가 한다. 이 거대한 질서의 기본철학은 각각 저다운 모습으로 살아간다는 것이다. 사람은 사람답게, 짐승은 짐승답게 사는 것이지 사람이 짐승처럼 아무렇게나 살고 짐승을 모두 사람처럼 대접해 가며 살려고 한다면 하루아침에 삶의 질서는 깨어지고 말 것이다. 애완동물이 아무리 사랑스러워도 동물이지 사람이 될 수는 없다. 사람이 아무리 밉거나 싫어도 그가 동물이 될 수는 없는 것도 같은 이치일 뿐이다. 손자가 아무리 사랑스러워도 조손간의 위계질서가 있어야지 맞벗이 될 수는 없는 일 아니던가? 이런 관계는 생명이 있는 것들 사이에서만 존재하고 필요한 것이 아니라 인간과 자연의 관계도 마찬가지라고 생각한다. 모든 것은 그가 가진 그대로 기능하고 역할을 감당하면서 살아가면 가장 좋고 행복한 것이라고 생각한다.

그 이외의 세상만사도 필요한 만큼씩만, 적당히 있으면 가장 좋은 상태가 아닌가 한다. 기후 또한 마찬가지이다. 겨울에는 겨울답게 적당히 추워야 하고 여름이면 여름답게 적당히 더워야 한다. 비가 오는 것이 싫어도 적당히 내려 주어야 한다. 지나치게 가물면 농사도 망칠 뿐더러 모두가 목이 타서 못 산다. 겨울 설경이 아무리 낭만적이라고 해도 너무 여러 날 눈이 계속 쏟아지면 인간은 감당하지 못 하고 묻혀 죽고 말 것이다. 만약 과학이 발달해서 꽃을 계속 피어있게 만들 수 있다고 해서 모든 꽃을 다 오래도록 피어 있게만 한다면 과일도 어느 열매도 맛볼 수 없을 것 아니겠는가?

이 세상이 창조될 때 어느 것 하나 중요하지 않은 것이 없이 다 필요가 있어 창조되었을 것이다. 큰 산은 큰 산대로 필요하고 작은 산은 작은 산대로 필요해서 만들어졌고 오랜 세월 사람들이 그 안에서 살아가면서 그들에게 주어진 자연을 환경이라 부르면서 적응해서 여러 모양으로 살아가게 되었다. 겨울에 춥다고 불을 마음껏 피우고, 여름에 덥다고 냉방기를 마구 틀어대다가 오존층이라는 것에 구멍을 내고 말았다. 지구의 허파라는 남미의 열대림도 개발이라는 매력 덕에 마구 잘려지기 시작했으니 이제 오존층의 바늘구멍이 단춧구멍만 해지면서 날로날로 영토를 넓혀 가는 일에 박차를 가하고 있다.

서울의 남쪽 끝자락 서초동에 우뚝 선 예술의 전당을 병풍처럼 두르고 서 있는 우면산이 신음을 토하며 무너져 내려 엄청난 피해를 입혔다. 눈에 띄는 이유는 집중폭우였지만 실은 오래도록 아프다고 소리쳤지만 아무도 귀 기울이지 않아서 버티다 버티다 속으로부터 무너져 내릴 수밖에 없는 형국이 된 것이다. 사람들이 오르내리기 좋으라고 산책로라는 것을 별 생각 없이 여기저기 자꾸 만들고, 아니 생각해가며 만들었겠지만 산의 입장에서 보면 마구 만든 것이 아닐까? 생태공원을 만들어 아이들의 교육장으로 활용하겠다는 갸륵한 생각에서 산 위에 연못까지 팠다. 생태교육은 생태 그대로를 보고 배워야 하는 것인데 인간이 어떻게, 어디까지 생태계를 파괴할 수 있는 막강한 힘을 가졌는지를 배우는 교육장 밖에 될 수 없었을 그런 공원을 만드느라 산을 아프게 파헤친 것이다. 잘 하려고 했지 못하려고 했겠는가? 그 충정은 충분히 알고도 남지만 이런 소리라도 하지 않고는 그냥 앉아 있기 힘든 기분이라 어쩔 수 없다.

예술의 전당은 구르는 돌과 밀려드는 물살을 맞으면서 버텨줌으로써 그 아래 서울 사람들을 살렸다. 산기슭의 큰 아파트 하나가 희생양이 되면서 또 아랫동네 사람들을 살렸다. 재치 있는 경찰관의 지혜로 일찍 그 길로 차가 들어가지 못하게 막아줘서 또 수많은 차와 사람들을 위기에서 구해 주었다. 아이도 죽고 가재도구도 몽땅 물에 잠겨 버렸다. 이루 다 말하기 어렵고 그 곳만이 아니라 여러 곳이 물이 할퀴고 지나간 상처로 몸살을 앓고 있다. 피해의 양상은 여러 가지이고 당한 사람 또한 많지만 이유는 찾고 찾아서 따져 올라가면 결국 한 곳에 닿는다. 답게 살고 답게 내버려 두었더라면 아무 일도 생기지 않았을 것을…

너는 답게 잘 살고 있느냐고 흰 눈으로 물으면 할 말은 없다. 늙어서 희어지는 것을 노인답게 보이면 될 것을 그것이 싫어 젊어 보이려고 머리에 흑칠을 하고 다니는 것이나 산 좀 깎은 것이나 오십 보 백 보일 수도 있다. 발이 조여서 아프다고 끙끙 앓아도 모른 척 하고 운동화는 마다하며 날렵한 모양새의 구두 속에 발을 꽁꽁 묶어 넣고 다니는 혹사를 아무 일 아니라는 듯이 하고 살지 않는가? 어디 그 뿐인가? 주머니가 넉넉하고 시간이 남아돌았더라면 내 볼따구니도 보톡스인가 무언가로 해서 돼지볼이 돼 있을지도 모를 일이니까 답게는 나부터 늙은이답게 살 일이지 누구에게 왈가왈부 할 일이 아니다. 하기야 남의 눈에 들보 대신 내 눈의 티를 볼 줄 알 수 있다면 하늘에 있지 무엇하러 이 복잡한 땅에 있겠는가?

모든 것이 다 자기답게 서 있을 때 지구는 비로소 평화를 누릴 것이다. 우리 모두 피조물답게 겸손하게 그대로 좀 살아보면 좋겠다.

(2011. 8.)

여자가
어떻게

어린 시절 아주 많이 들었던 말 중의 하나가 여자가 어떻게 라는 말이었던 것 같다. 자신의 의견만 제대로 말해도, 무슨 일을 먼저 해도, 앞장을 서도, 음식을 먼저 먹어도, 잘 참지 못해도, 희노애락의 감정을 솔직하고 강하게 나타내도, 그 말이 날아왔고 그 경우를 일일이 예로 다 들기 힘들 정도로 거의 메사에 따라다니던 말이었다. 여자는 언제나 그늘에 있어야 했고 영원한 2인자여야 했다. 그러던 일들이 점점 고쳐져 가는 추세였지만 생활 속에 깊이 박힌 뿌리로 해서 여자들은 많은 괴로움을 아직도 참고 지내는 형편이었는데 2012년 12월 19일 그 잔재가 완전히 뿌리 뽑혀 나갔다. 이 나라 여자들에게는 꿈에도 잊을 수 없는 역사적인 날이 된 것이다. 대한민국 헌정 사상 첫 여성 대통령이 탄생된 기막힌 날이.

우리는 이미 신라시대에 선덕여왕을 시작으로 해서 진덕, 진성까지 3명의 여왕을 가졌던 나라이다. 일찍이 1300년 전에 여성 리더십을 이미 경험했다는 얘기다. 선덕여왕은 삼국통일의 기반을 닦았으며 김유신 같은 명장을 알아보고 중용할 줄 아는 능력을 가진 탁월한 명군주였다. 국민을 싸안고 보듬어 안은 따뜻한 리더십을 역사는 기록하고 있다. 고려 시대에 와서 가부장제의 심화로 여왕은 더 이상 나오지 못했지만 우리는 성공적인 여성 리더십을 확인한 역사를 갖고 있는 것이다. 이런 유산은 오늘의 훌륭한 자산이 된다. 5년 후 많은 사람들이 좀더 일찍 여성 대통령을 뽑을 걸 그랬다는 흐뭇한 평가가 나오리라는 기대를 가지면서 자꾸 어깨가 으쓱거려진다.

선거당일 출구조사의 통계에 의하면 여성들의 박근혜 후보에 대한 투표율이 남성보다 높게 나타났다. 이것은 매우 중요한 의미를 갖고 있다. 여성이 여성을 지지하지 않는다는 그동안의 망령을 말끔히 몰아내 주었기 때문이다. 더 놀라운 것은 이번 대선 때는 남성 정치인들이 먼저 여성 대통령을 만들어 내자고 목소리를 높였다는 사실이다. 국회의원 선거에 여성 지역구 공천 30% 의무화를 법제화해야 한다는 여성계의 할당제 주장에 대해 말도 안 되는 소리라는 볼멘소리를 하며 거들떠도 안 보던 그 남성 정치인들이 진지하게 여성들이 이제 여성 대통령을 만들어내야 할 것 아니냐고 하는 것을 보면서 감동보다는 매우 낯설었던 것이 겨우 반 년 전 일이다. 세상은 오래 살고 볼 일이다. 이제 한 나라의 대통령이, 우리 손으로 직접 뽑은 이 나라의 최고 통치자가 여성이 되었으니 더 이상 여자가 어떻게 라는 말은 듣지 않고 살게 될 것 같다. 오직 자신의 실력과 능력에 의해서만 모든 일이 결정되는 기회균등의 세상이 여성들에게도 찾아와 줄 것 같은 희망이 보이게 되었다.

초등학교 졸업식 날 1등을 하고서도 남자 1등에게 도지사상을 빼앗기고 학교장상을 받고 서서 시큰둥한 기분으로 울먹이던 그림은 그야말로 반세기 전 유물로 박제되었으나 서운함을 이제 그만 풀어버리자. 상장도 상품도 다 잃어버렸으니 누가 안 믿어줘도 할 말은 없다. 다만 아직도 가슴 한 구석에 박혀 있는 어린 날의 박탈감은 가시가 빠진 후에도 자욱이 꽤 오래 남은 것 같을 정도이다. 그날 달래주던 어머니의 묘한 표정도 잊을 수 없는 영상으로 남아 있다. 신혼여행을 다녀온 후 첫 출근을 했더니 내 자리는 이미 없어지고 상사는 심상한 표정으로 여자가 어떻게 결혼을 하고 직장에 나오려 하느냐고 진지하게 물었다. 당연히 계속 근무 해야지 무슨 말씀이냐고 우기며 입사 초기에 하던 일을 다시 하는 수모를 견디기도 했다.

그런 어떻게 들이 일생 여성운동에 몸을 담고 살게 한 원동력이었나 보다. 이제 여자가 어떻게 가 겨우 자취를 감추기 시작하려는 정도인데 여성들은 모든 것이 다 해결된 양 착각하고 있는 부분이 너무 많아 보여서 걱정이다. 안동의 어느 종택을 방문했을 때 마치 무대처럼 층층으로 되어 있는 방에서 받았던 충격은 잊을 수 없다. 밥을 먹을 때 맨 위층에서부터 남자들이 서열대로 앉고 제일 밑바닥에는 여자들이 앉아 상을 받는다는 것 아닌가? 부엌문 바로 앞이었으니 여자들은 앉는 둥 마는 둥 하면서 시중을 드느라 다 식어 빠진 밥 한 술씩을 뜨고 말았으리라.

이제 여자가 어떻게 가 아니라 그 사람이 어떻게 가 되는 세상이다. 남자 여자 이전에 하나의 사람으로 제 몫을 단단히 하면 되는 것이다. 좀 일찍 태어나서 빛을 못 본 부분이 많지만 그래도 소리치며 일 할 수는 있어서 오늘만한 세상을 만드는데 일조했으니 손녀가 사는 세상은 많이 행복할 것 같아 흐뭇하다. 어쩌면 이제 우리도 남자 대통령 한 번 뽑아보자는 시대가 올지도 모를 일이다.

"여자가 어떻게"가 아니라 "여자가 해야지 잘 하지"가 언제나 들을 수 있는 흔한 말이 되는 세상으로 우리는 지금 빠르게 걸어 들어가고 있는 중이다.

(2013. 1.)

양극화

아삭하고 씹히는 맛이 시원하기는 한데 매운맛이 도통 없으니 이게 어디 고추라 하겠는가? 고추 모양의 오이라고 해야 더 어울릴 것 같다는 생각이 든다. 입이 너무 심심해서 청양고추 중에서 좀 덜 매울 듯한 것 하나를 골라 살짝 베물었더니 눈물이 쏙 빠지도록 맵다. 정신이 번쩍 나는 정도가 아니라 입안이 사뭇 아프다. 청양고추가 아닌 보통 고추도 언제부터인가 지나치게 매워지더니 급기야 아삭 고추라는 신품종이 선을 보이게 되었다. 음식도 퓨전이라는 이름으로 한식인지 양식인지 중국식인지 일본식인지 분간하기 힘들 정도의 새로운 음식들이 음식점 아닌 일상의 밥상을 점령한 것도 어제 오늘의 일이 아니다. 다양하고 새로운 것도 좋지만 정통성 있는, 색깔 있는 제 모습의 음식문화가 없어져서는 안 된다는 생각을 고집처럼 갖고 있는 터라 유독 고추 맛을 가지고도 토를 달고 있는지 모른다. 무엇이나 제 맛을 지녀야 존재 이유가 있는 것 아니겠느냐 말이다.

요즘은 모든 것이 이 고추 맛처럼 양극화 되어서 걱정이다. 젊은이는 젊은이들끼리만 있고 싶어 하고 늙은이는 젊은이를 이해하지 못하는 일

등도 일종의 양극화라고 하면 망발이라 하려나? 뜨뜻미지근한 것도 좋을 것은 없지만 세상만사가 하얗거나 까맣기만 하다면 살맛이 날까? 아니다. 진하고 엷고의 차이는 물론이고 빨갛고 파란 각양각색의 온갖 색깔들이 제 나름의 독특한 빛깔을 뽐내고 그때그때 알맞게 서로 어울려가며 조화를 이루어 세상이라는 작품을 만들어내는 것이 우리네 인생이다. 각각 제가 지닌 고유의 모양과 맛을 유지해야 정말 멋진 조화를 이루어내지, 서로의 개성이 약하면 희미하고 흐리멍텅할 뿐 조화라고 볼 수 없는 현상만이 연출되어 오합지졸같이 혼미한 세상이 되고 말 것이다.

우리 시대가 어찌 보면 이런 각자의 개성이 보존되고 발휘되지 못하는 데서 비극이 잉태되고 있는 것은 아닌지 모르겠다. 가족관계에서도 아들은 아들로, 딸은 딸로, 아버지는 아버지로, 어머니는 어머니로 그 고유의 맛을 잃지 않고 제때에 그 존재 의미를 내뿜어야 하는데 모두가 화목이라는 미명하에 양보 아닌 포기나 체념을 해버림으로써 가족이라는 음식을 제대로 만들지 못하고 곤죽을 쑤어 버리고 있는 것이다. 고부갈등이 무서워 며느리와 시어머니의 색깔을 너무 감춰서 모두 색맹이 돼버리는 꼴불견도 한둘이 아니다. 자신의 의견 제시라는 허울을 쓴 채 비수같이 쏘아대는 며느리의 말대답도 그대로 들어주어야 집안이 편안하다 보니 시어머니들은 며느리도 자식인데 잘못 된 것은 가르쳐야 되는 책무를 놓아 버렸다. 가정의 질서는 무너지고 속으로 묻히기만 하는 거슬리는 일들의 누적으로 더 큰 불화의 늪을 스스로 만들어 가고 있는 것이 현재 우리나라 가족의 또 하나 위기일 수도 있다. 며느리도 시어머니도 제 맛을 좀 내고 살 것을 권하고 싶은 것은 비단 나만의 생각은 아닐 것이다. 교양이라는 이름의 인내가 가랑비에 옷 젖듯이 고부관계를 구제불

능의 사태로 몰아갈 수도 있음을 알아야 한다. 아삭 고추 같은 시어머니보다 때로는 청양고추 같은 시어머니도 필요하다는 말이다.

염분이 건강에 나쁘다고 음식을 싱겁게 하는데 너무 싱거우면 제 맛을 느낄 수가 없다. 며느리도 참지만 말고 때로는 소금을 제대로 넣어서 제맛 나는 음식을 만들 듯이 아프면 아프다고 속 시원히 말해 버리는 것이 좋은 가족 평화를 만드는 지름길이 될 수도 있다. 친한 친구끼리 다투기도 잘 하듯이 가족이란 가까우니까 잘 부딪칠 수가 있다. 이 때 유도 선수의 낙법처럼 잘 다투고 상처 안 주는 지혜도 배워야 한다. 너무 다툼을 두려워하기 보다는 지혜롭게 다툴 줄 아는 훈련이 더 중요하지 않을까? 세상은 살갗을 건드리지 않고 홀로 지내는 곳이 아니라 살을 맞대며 부대끼고 사는 곳이다. 가족 또한 너무 거리를 두는 것보다는 화끈하게 부딪치고 감싸 안는 관계가 더 중요하고 필요한 집단이다. 아삭 고추 같지만 말고 때로는 청양 고추같이 정신 나는 맛도 있어야 한다.

세상이 칼끝처럼 양극화되는 것은 걱정이다. 고추처럼 때에 따라 골라 먹을 수 없는 것이어서 그렇다. 하지만 한탄만 하고 있을 것이 아니라 서로 조금씩 가까워지도록 양보와 노력을 계속해야 한다. 지나친 양극화는 벼랑으로 떨어지는 비극적 종말을 예고하고 있기 때문이다. 아삭 고추에 양념 된장을 발라 접시에 담고 청양고추를 송송 썰어 조금 넣고 된장 뚝배기를 앉혀 저녁 준비를 해야겠다. 각각이 제 맛을 낼 수 있는 적재적소를 찾아 쓰는 지혜를 가르칠 현장 교육의 자리가 되었으면 좋겠는데 아이들이 일찍 들어와 먹어줄지 그것이 문제로다. 나는 아삭인가, 청양인가? 아무래도 이도 저도 아닌 옛날 우리 고추가 맞을 듯싶다.

(2012. 8.)

대통령의 손가방

어떤 가방을 들고 나갈 것인가를 정하느라 잠시 머뭇거린다. 봄이 왔으니 가방이라도 좀 바꿔들어야 될 것 같아서이다. 가방이 하나밖에 없으면 이런 망설임은 없을 텐데 여러 개다 보니 생기는 일이다. 요즘엔 크고 작은 가방을 들고 다니는 남자들을 보는 일도 꽤 흔해졌지만 손가방은 역시 여자들의 전유물이라 해도 과언이 아닐 듯하다. 계절에도 너무 동떨어지면 안 되고 옷에도 맞아야 하고 중요한 모임이 있다면 그 분위기에도 조화를 이루어야 하니 여간 신경 쓰이는 일이 아닐 수 없다.

그러다 보니 바쁘다는 핑계로 아예 상황을 다 무시한 채 편한 것 하나만 줄곧 들고 다니기 일쑤다. 필요한 것을 편하게 넣고 다니기 위한 가방의 본래 목적에서 보면 아무런 문제가 없는 일이다. 우선 책이 들어가야 하니 커야 하고 넉넉하다 보니 이것저것 마구 넣어서 무겁기가 돌덩이에 가깝다. 금덩이를 넣고 다니느냐는 놀림을 받지만 어쩔 수가 없다. 좀 괜찮아 보이는 가방은 그 자체의 무게가 만만치 않으니 자연히 헝겊이나 가벼운 재질로 만든 보통 가방을 주로 들고 다닌다. 자연히 명품가방을 들고 싶은 유혹으로부터 자유로울 수 있다.

오늘은 모임이 있어 가방을 고르고 있는 중이다. 책가방을 피하고 중간 크기의 가방을 메고 집을 나선다. 작은 가방이 우아하고 예쁘긴 한데 공간이 좁아 필요한 것을 다 넣을 수 없으니 할 수 없이 둔탁해 보이지만 이 정도의 크기로 만족해야 한다.

도대체 무엇이 들어가야 하기에 여인들은 손가방을 들고 다녀야 하나? 남정네들은 빈손으로 다녀도 아무 지장 없이 잘들만 사는데 왜 여인들만 손가방을 신주 모시듯 하고 다녀야 하는 건지 모르겠다고 생각할 수도 있다. 남자들은 손가방을 몸에 붙이고 다닌다는 것을 잘 몰라서 하는 생각이다. 남자의 옷에 여러 개가 달린 호주머니가 여인의 옷에는 하나도 없는 경우가 많다. 왜 여인들은 그토록 편리한 호주머니를 활용하지 못하나? 맵시 때문이란다. 옷을 만드는 사람들이 모양을 해친다고 해서 호주머니를 만들어주지 않는 것이다. 젊어서는 호주머니가 없다는데 대해 별로 불편을 느끼지 못했는데 나이가 들면서부터 호주머니가 있는 옷을 선호하게 되었다. 일일이 가방을 열고 교통카드를 꺼내지 않아도 되고 손전화까지 넣을 수 있다면야 금상첨화가 아닐 수 없다.

얼마 전 손가락을 다쳐 물건을 들고 다니지 말라기에 할 수 없이 작은 배낭을 메고 다니게 되었다. 젊은이들이 배낭 멘 모습은 발랄하고 좋아 보이지만 나이 든 여자가 배낭을 메면 더 늙고 초라해 보여서 아주 싫어하던 모양새였는데 하릴없이 그 주인공이 되었다. 수년 전 원로 수필가 ㄱ선생이 거북패션 이라는 수필에서 현대인들은 편익을 찾고 행하다가 드디어 어른들이 아이처럼 가방까지 등에 짊어지게 되었다고 쓴 적이 있다. 바로 그 '거북패션'이 되고 보니 선생의 말대로 얼마나 편한지 보기 싫은 정도는 괘념치 않아도 좋을 것 같다.

이렇게 가방은 각자 필요에 따라 편리하게 쓰이면 그만인 것을 언제부터인가 명품이라는 것 때문에 심심찮게 세간의 시빗거리가 되어 왔다. 연전에는 고가의 명품가방을 들었다는 죄목(?)으로 신임 여자 장관이 약 1주일쯤을 버티다가 그예 물러나고야 마는 해프닝을 벌인 적도 있었다. 서민들의 한 달 생활비를 훌쩍 뛰어넘는 고가라는 것이 시비의 대상이고 이런 사치성은 지도자의 덕목에 맞지 않는다는 것이 낙마의 이유였던 것으로 기억된다. 게다가 외제품이라는 것이 민심을 들끓게한 요인 중의 하나이기도 하다. 이러다 보니 제 돈 내고 사서 들고 다님에도 불구하고 때로는 괜히 떳떳하지 못한 것 같은 가벼운 죄책감과 함께 들고 다니는 것이 명품가방이 아니었나 싶다.

요즘에 박근혜 대통령 당선인이 든 가방이 고가라고 화제가 되어 이런저런 말들이 오가는 것 같다. 외제 명품이 아니라 국내 가방 장인이 만든 작품이라는 것이 알려지자, 대통령이 그만한 가방 하나 못 들 것이 무어냐는 반론이 지배적이어서 시비가 확산되지는 않았다. 오히려 한 나라의 대통령이 그런 장인의 작품을 들어줌으로써 사기도 높이고 경쟁력도 키워서 국익에 도움이 된다는 적극적 찬성론이 대세이다. 아무려나 이러는 사이 그 가방은 불티나게 팔려서 눈을 씻고 보려 해도 완전히 자취를 감춘 상태라고 떠들고 야단이다. 서류를 넣고 다니기 편해서 대통령이 자주 들었다는 이 가방은 그 주인의 필요에 충실했을 뿐이니 아주 잘 맞는 가방이었다고 생각한다. 아주 작은 가방으로 족할 자리에 서류도 없는데 대통령이 든 가방이라는 이유 하나만으로 자랑스럽게 들고 다니는 사람이 있다면 그야말로 남이 장에 가니 거름 지고 따라나서는 것과 무엇이 다르랴. 타조가죽으로 만들었다는데 보지 않았으니 잘 알 수 없는 일이고 다만 그 용도와 모양에만 관심이 가는데 이미 없어졌다니 아무리 내게 딱 어울릴 것 같다고 생각한들 어디 구하기 쉽겠는가? 지금 있는 가방으로도 다 못 쓰고 죽을지 모르는데 욕심을 접기로 한다. 가방을 따라 들었다고 무엇이 달라지겠는가? 호박에 줄긋는다고 수박 될 것도 아닌데….

대통령의 손가방이 화제가 되었으나 부정적인 면으로 입방아를 찧는 사람은 없었으니 그 분에게 거는 기대와 사랑이 얼마나 큰지, 또 국민들의 의식 수준이 얼마큼 성숙됐는지를 보여주는 좋은 예가 되었다 할 일이다. 5년 동안 그 손가방에서 통일과 선진국 진입이라는 문을 활짝 열어 젖힐 열쇠가 나와 주기 바랄 뿐이다. 그동안 나의 손가방에서는 무엇을 꺼내게 될까?

(2013. 7.)

만수옥의 깍두기

어디로 갈까? 잠시 생각하다가 집에 가는 전철을 탔다. 모처럼 일이 일찍 끝나서 점심때가 조금 지난 시간이다. 점심을 먹고 헤어지자는 일행에게 무엇하러 돈 쓰느냐, 집에 가서 먹으면 된다고 간신히 빠져나온 길이다. 안국역이라는 안내방송을 듣는 순간 마치 용수철이 튀어오르듯 번쩍하는 생각에 차에서 내렸다. 잘 됐다, 오랜만에 맛있는 설렁탕 한 그릇 먹고 가자는 신통한 생각에 발걸음이 날아가듯 가볍다. 힘든지도 모르고 계단을 거뜬히 올라왔다. 헌법재판소 올라가는 방향으로 대여섯 걸음 걸으면 구수한 설렁탕집 만수옥이 반겨준다.

설설 끓는 뚝배기에 시뻘건 깍두기 국물을 붓고 썰어 놓은 파 한 순가락을 더한 후 휘휘 저어서 첫술을 입에 넣는다. 따끈하면서 매콤 시큼한 그 맛이란 한 마디로 표현하기 어렵다. 아하 소리가 절로 나는 그런 맛이다. 눈치 빠른 아주머니가 빈 깍두기 접시에 다시 소담스레 깍두기를 담아다 준다. 가끔씩 오지만 워낙 깍두기를 많이 먹으니까 알아보고 베풀어주는 배려인 것이다. 이 집은 설렁탕 맛도 좋은데다가 이런 친절과 세심한 배려가 더 마음에 들어 그냥 지나치기 어려운 집이다. 안주인은 고령임에도 불구하고 굳건히 계산대를 지키며 손님을 일일이 응대하고 대접한다. 그뿐만이 아니다. 요즘도 새벽에 직접 나가 좋은 고기를 손수 골라와서 설렁탕을 끓인다는 것 아닌가? 정주영 회장께서 거의 매일 점심은 여기서 드셨다는 일화를 지니고 있는 전통 있는 집이다. 엷은 미소를 띠고 세심하게 손님상을 살피는 노인을 보면서 왜 정 회장이 이곳을 자주 드나들었는지 알 것 같다.

지금도 건너편 현대사옥의 수많은 회사원들의 점심밥집 노릇을 톡톡히 하고 있지만 서울 장안의 설렁탕 애호가들에게는 오늘 나처럼 일부러 찾아오는 집이다. 설렁탕은 설설 끓어서, 또는 설렁설렁 휘저어서 먹으니까, 이런 데서 자연스레 이름 붙여졌다는 이야기와 옛날 조선시대 임금님이 권농일에 직접 나와서 제를 지내고 백성들에게 큰 가마솥에 쇠고기국을 끓여 나누어 먹인 데서 비롯되었다는 설이 있다. 왕이 제를 올리던 선농단에서 유래되어 선농탕에서 발음하기 쉽게 설롱탕, 설농탕 등으로 불리게 되었다는 전설이다. 아직까지 어디 기록에 이름이 정확히 기록되었다는 말은 못 들었다. 만약 그런 것이 있다면 과문해서 모르는 것일 뿐 그 옳고 그름에 큰 의미는 없는 일이다. 맛이 있으면 그만이고 이름이야 다르게 불러도 탕은 마찬가지 탕이다. 농사일은 커녕 호미도 제대로 쥐어보지 않은 주제에 그런 의미 깊은 전설을 지닌 음식을 그저 입에 맞는다는 이유만으로 즐기고 있으니 예전 같으면 상감마마께 불경죄를 짓고 있는 셈이다.

설렁탕은 탕을 잘 끓여야 하는 것은 물론이지만 거기에 잘 익은 깍두기가 없으면 그 맛을 뽐내기 힘든 음식이다. 집에서 먹는 것보다 굵직하게 썬 시뻘건 깍두기가 한 접시 따라 나오면 설렁탕 상은 그것으로 끝이다. 수저통과 함께 소금 그릇과 파 썬 것 가득 담은 그릇 하나 으레 기본으로 미리 상에 놓여 있다. 설렁탕집 깍두기는 시큼하게 익어야 제격이고 기본 요소 중 하나였다.

대개 수저로 국물 한 모금 삼켜 그 맛을 음미한 후 파 썬 것과 소금을 넣고 뜨거운 탕을 휘휘저어 먹기 시작하는 것이 대부분이다. 나는 좀 다르다 우선 깍두기부터 한 접시 그대로 탕에 쏟아 붓는다. 일행이 있을 때는 미리 한 접시를 따로 부탁해서 그것이 나오면 그때 넣는다. 거기에다 파 썬 것 듬뿍 넣고 국물부터 마신 후 먹기 시작한다. 소금은 넣지 않는다. 깍두기를 많이 넣는데 소금까지 넣었다가는 큰일 날 것 같아서이다. 짜게 먹지 말아야 한다는 것과 시큼한 깍두기 국물로 맛을 내야 하는 두 가지 일 중 내가 택한 나름대로의 선택이다. 깊은 맛의 설렁탕 국물에 시큼한 깍두기 국물의 적당한 비율이 빚어내는 시큼 매콤한 맛의 진수를 말로는 설명이 안 된다. 그야말로 먹어봐야 아는 바로 그 맛이다. 이때 설익은 깍두기는 사절이다. 안 넣으니만 못해서 그렇다. 잘 숙성된 깍두기를 만났을 때 그 탕 국물 맛은 그야말로 환상이다.

데이트를 시작한 초기에 설렁탕집에서 이런 과정을 거쳐 맛있게 먹느라 정신없는 내 모습을 보고 야아 무슨 저런 여자가 있어? 남자 술꾼보다도 더 걸찍하게 먹는 여자, 상대방도 처지도 아랑곳 않는 털털한 사람하고 결혼을 해야 할 것인지 말 것인지를 고민했다면서 남편은 놀렸다. 그때 그만 두었으면 내 팔자가 필 뻔했구만 왜 그냥 계속 만났느냐고 쏘아붙이곤 했는데 이제 옆에 없으니 그런 푸념을 할 수도 없이 되었다. 요즘은 설렁탕집에 가도 그 시절 같은 고전적 깍두기를 만나기도 어려워져서 이래저래 유감이 많다. 아직은 안국역 근처의 이 곳, 만수옥에서 그런 깍두기에 설렁탕다운 설렁탕을 맛볼 수 있어 그나마 다행이다. 정주영 회장이 즐겨 찾아올 만했다는 감탄을 곱씹으며 즐겨 찾는 이 집은 설렁탕 맛이 깔끔한 것이 서울 설렁탕의 맥을 잇는 집 중의 하나이다. 지금도 고기를 직접 골라 상품으로 사들여다 정성껏 끓이는 전 과정을 꼼꼼히 살피는 주인의 정성 덕에 우리는 맛있는 설렁탕을 먹을 수 있고 음식은 전통을 이어 내려가는 비결이다. 이 집 역시 수육 등의 메뉴가 준비되어 있지만 매상을 올려줄 그런 음식을 먹지 않아도 구박하지 않는다. 설렁탕 한 뚝배기만 먹고 나와도 친절하게 계산해 주는 안주인 노인의 푸근한 미소를 보며 편안히 문을 나설 수 있는 집이다.

계절에 상관없이 이곳에 들른다. 이열치열이라 했던가 삼복더위에 설렁탕 한 뚝배기 비웠을 때의 그 시원한 맛을 어떻게 표현할지 둔필이 야속스럽다. 냉면 국물은 삼킬 때뿐인데 설렁탕 국물은 마신 후 두고두고 시원하다. 무슨 모임 같은 것도 이 집에서 하자고 권유한다. 자주 먹고 싶어서이다. 살이 쪄서 삼가야 한다는 생각도 식도락이라는 임자를 만나면 맥을 못 춘다. 초간장에 찍어 먹는 수육의 부드럽고 고소한 맛은 지갑이 얇지 않은 날 선뜻 시키는 객기를 부리기에 충분한 음식이다. 음식값이 많이 올랐다지만 만원 한 장 들고 가면 해결이니 조촐한 행복을 아직은 누릴 수 있어 좋다. 등이 서늘한 날 만수옥에 간다.

(2015. 4. 4.)

부럽다 못해
시샘이

사람이 한평생을 살아가는 동안 자기 자신의 성취 여부에 신경을 쓰는 부분보다 어찌 보면 주위 사람들의 성취와 자신의 형편을 비교해 보면서 웃고 우는 것은 아닌지 모르겠다. 많은 것을 성취한 사람을 보면서는 부러움에 입을 다물지 못하며 찬사를 쏟아내다가도 그 부러움의 정도가 넘는 성취 부분을 보면서는 슬슬 질투심 같은 것이 마음 밑바닥으로부터 연기처럼 피어오른다.

젊을 때는 세칭 출세라는 것의 여부를 놓고 부러움을 표시하기 일쑤이다. 돈을 잘 버는 사람이 부럽고 안정된 직장을 갖고 있으면 부러움의 대상이고 그 자리가 권력이나 명예까지 갖고 있으면 금상첨화가 아닐 수 없다. 그러다가 나이가 들어가면서는 그 부러움의 대상이 그 자신이 아니라 그의 자식들의 성취에 관심의 표적이 옮겨진다. 자신의 일생이 화려한 것이었더라도 자식 농사를 잘못 지으면 모든 것이 물거품이 되는 것이 우리네 삶의 모습이다. 이때의 기준 역시 아들딸, 며느리, 사위, 손자녀들이 얼마큼 세상적 기준의 일반적인 출세라는 것을 했느냐가 척도이다. 자신의 성취는 내 노력에 달린 것이어서 오히려 쉬울지도 모르지만 자식의 것은 정말 그리 녹록한 것이 아니다. 게다가 사위 며느리들은 일단 남의 자식이니 더 어려운 일이 아닌가?

단상의 주인공인 오창익 교수님이 눈물을 훔치고 있다. 목에 꽃 레이를 걸고 아이처럼 울먹이고 있는 스승님을 보면서 가슴이 뭉클해 온다. 당신들은 우리 앞에서 통일을 쉽게 입에 올리지 말라던 어른이다. 6.25 때 16살의 어린 몸으로 38선을 홀로 넘어 시체를 밟으며 앞사람만을 따라 무작정 걸어 내려왔다는 남쪽 땅, 어린 소년이 어떻게 험한 세월을 살아왔겠느냐는 물음은 오히려 사치일지도 모른다. 양친 부모 고루 갖춘 환경에서도 대학공부 하기가 쉽지 않았던 그 시절에 그 어른은 대학을 마치고 문학의 길을 걸어 한국수필문학연구로 첫 번째 박사학위를 얻어내는 기적 같은 일을 거뜬히 이루어내고 아름답고 고운 성품의 여 선생님과 가정을 이루는 일에도 성공한다. 딸 넷을 낳고 다섯 번째로 외아들을 두는 동안 아들 기다리느라 애를 좀 태우셨겠지만 오늘날 딸이 더 좋다는 세상이 될 줄을 그때는 미처 모르셨을 것이다. 5남매가 모두 건강하고 외아들이 아들 둘과 딸 하나를 낳아 소원도 푸셨다. 사위들이 하나같이 전문직을 가졌지만 열쇠는 고사하고 큰소리만 치시면서 고자세로 따님들 혼사를 치르셨다. 며느님은 요즘 세상에 보기 힘든 효부로 손색이 없으니 무슨 복을 이렇게 많이 타셨을까? 아무리 생각해도 부럽다 못해 질투가 느껴질 정도이다. 연전에 폐렴으로 남편이 사경을 헤맬 때 가슴을 졸이던 사모님도 오늘 환한 미소로 그 곁을 지키고 계시니 어찌 부럽다 아니하랴.

인생 70세도 드물다 했는데 아무리 장수시대라 해도 두 양주 분이 건강한 몸으로 팔순을 맞이한다는 일이 그리 흔한 일은 아니다. 게다가 손자녀 모두가 온전히 슬하에 있는 복은 그 중의 으뜸이다. 자녀손 중에 박사가 다섯에다 의사가 셋이요, 법조인에 교수, 서울대 교수가 포진돼 있으니 오창익 사단의 사단장께서는 큰소리를 치실만 하다고 하겠다. 손자녀들이 공부만 잘하는 것이 아니라 악기를 하나씩 가르쳐서 작은 오케스트라를 이루고 축하 연주를 하는 모습은 부러움의 정점이라 해도 지나친 말이 아닐 것 같다. 게다가 폐렴으로 혼미해서 정신 줄을 놓으려 할 때 할아버지의 마지막 생명줄을 잡게 해주었다는 둘째 손자가 여섯 살답지 않게 의젓한 모습으로 흔연스럽게 지휘하는 모습은 보는 이의 웃음을 넘어 눈가를 적시게 만들었다. 앙증맞지만 의연한 모습뿐이 아니라 음악에 따라 지휘봉을 빠르고 느리게 연주하는 감각이 기막힐 지경이어서 이다.

오늘의 잔치 이름이 오창익 교수 '여든 살 기림 문집 책 잔치'이다. 대부분 이런 류의 책들은 주인공에 대한 회고담이나 축하 글들로 묶어내는 경우가 많은데 오 교수님은 그런 편집을 거부하셨다. 자신의 문학세계에 대한 제한된 몇 분의 평론과 원로 문인 중 극소수의 지인들에게서만 인간으로서의 자신의 모습을 조명받는 글을 싣기 원했다. 거기에 자신의 대표작 10편과 제자들 전원의 대표작으로 풍성한 한 바구니를 채워달라는 것이 선생님의 뜻이었다. 스승님의 뜻을 받든 제자들은 그 의도에 충실하게 오늘 한 권의 책을 묶어 선생님께 헌정하게 된 것이다. 책의 제목은 스승님이 지으셨는데 그야말로 '내 잔이 넘치나이다'는 그 이상도 이하도 아닌 적중한 이름이 아닐 수 없다.

그냥 무작정 모았는데 희안하게도 111명의 제자들이 글을 올리게 되어 상서로운 감마저 들어 더 기분이 좋다. 십시일반 출판비를 갹출했는데 한 명도 낙오되지 않고 전원이 다 참여하여 100% 참여를 이루어 낸 것이 더 자랑스럽다. 편집에 회계에 운영에 온전히 봉사해 준 제자들 덕택에 아껴서 책을 내고 500만원이라는 거금(?)을 남겨 창작수필 문인회에 오창익 문학상 특별기금으로 넘길 수 있어 제자들의 마음은 한층 더 기쁘다. 오늘의 문인으로 이끌어 주신 스승님의 은혜를 곱씹어보는 하루다. 그런데 그런 근원적인 것보다도 지금 이 순간은 단상의 주인공 모습이 너무 부러워 가벼운 질투심과 싸우고 있는 중이다. 뜻 있는 작업의 심부름을 맡아 할 수 있었던 행운에 대해 감사하며 다시 한 번 선생님을 쳐다본다.

지금 이 순간 정녕 부러운 것이 무엇인가? 다복한 가정, 세칭 출세한 자녀들, 여러 가지들이지만 아무래도 선생님의 명수필이 제일 탐나는 대상이 아닐는지 모르겠다. 그것이 부러우면 그 원인이 되는 선생님의 치열한 작가정신을 먼저 부러워해야 할 일이다.

(2014. 7. 30.)

6

소금광산

- 소금광산
- 봄은 스승이다
- 그는 자유를 택했다
- 누가 마지막에 웃었을까?
- 대한민국 서울 70년
- 바다는 우리가 살린다
- 11월은 마무리의 달
- 문화융성의 원년이 되었으면
- 사명

소금광산

- 어둠에서 살다 어둠으로 사라져

오늘 아침 소금 맛은 예사롭지가 않다. 여행 중에 아침마다 계란에 찍어먹던 그 소금과 같은 것인데 기분이 다를 뿐이다. 이것이 암염인지 바다 소금인지 알 길 없지만 기분이 묘해지며 그 맛을 음미하고 있는 것이다. 오늘 일정이 소금광산에 가게 되어 있기 때문이다. 삼면이 바다라서 우리 바다 소금으로 원 없이 골라가며 소금을 먹고 사는 우리에게는 생소한 이름이다. 듣기는 했지만 직접 찾아나서는 기분은 호기심에 들뜰 수밖에 없다.

공간이 좁아서인지 내려갈 때는 엘리베이터가 없어서 150미터를 땅속으로 걸어 내려가야 한다니 다리가 은근히 걱정된다, 심하진 않지만 나이를 기억하라는 듯 가끔씩 가벼운 데모를 하는 무릎이 여간 신경 쓰이는 게 아니다. 중간에 시큰거려 내딛기 힘들면 일행들에게 폐가 될 텐데, 부축 받고 가게 되면 여행 기분을 완전히 망치게 하는 일이니 큰일이 아닌가. 몸이나 가벼우면 그래도 좀 나으련만 코끼리 4촌이니 더더욱 걱정이다. 포기할까? 아니야 언제 또 와보겠어? 그래도 이만큼이라도 다리 힘이 있을 때 가봐야 해, 등등의 생각이 교차하는데 0.1초도

걸리지 않는 것 같다. 버스에서 내려 걸음을 옮기면서도 강행, 포기를 번갈아 되뇌이며 입구에 섰다. 인원을 확인하고 안내원이 매표소로 향하는 걸 보고 있으면서도 머릿속은 여전히 두 갈래 생각으로 복잡하다.

할 때까지 해 보는 거야, 하는 배짱과 이미 늦었잖아, 하는 핑계를 면죄부 삼아 옮기는 걸음은 어느새 계단을 밟아 내려가고 있다. 중세의 폴란드를 부국으로 만들어 준 이곳 비엘리치카 소금광산은 이제 거의 폐광이 되고 그 소금들이 다 파먹힌 자리가 관광명소로 거듭나서 폴란드인에게 돈을 쥐어주는 요술방망이가 된 것이다. 옛날에 소금이 귀해서 월급을 소금으로 주다보니 솔트에서 샐러리라는 말로 파생되어서 급료가 샐러리라는 서양 단어로 되었다니 그 소중함을 짐작할 만하다. 동양에서도 마찬가지다. 그런데 바다가 없는 내륙 깊숙한 곳에 암염을 감춰둔 하나님의 섭리가 참 신기하지 않은가? 그것도 한두 곳이 아니라 육대주에 고르게 암염을 박아 두신 것이다.

오묘한 섭리를 곱씹으며 조심스레 계단을 내려가면서 내 입술이 저절로 달싹거려진다. 그 둔하고 게으르던 혀가 부지런히 움직이며 무사히 내려가도록 무릎이 데모하지 않게 해주시라는 기도가 봇물처럼 목젖을 밀고 올라오고 있지 않은가? 극도의 이기심이 지금 내 기도의 정체라 할 수 있다. 다급하니까 시키지도 않은 기도가 열심히 튀어나오고 있는 중이다. 아무것도 없이 외줄로 계단만 뚫려 있을 줄 알았는데 마치 건물 내부처럼 계단 옆으로 여기저기 길이 연결되어 있으면서 그 안에 무언가가 자리하고 있었다. 거대한 지하궁전이라고나 할까? 앞쪽이 약간 술렁이는 것 같더니 한 여인이 누군가의 도움을 받으며 계단 옆의 미로 같은 길로 걸어 들어간다. 50대 초반 쯤의 우리 일행이다. 폐쇄공포증이라는 설명이다. 아, 다리보다 더 무서운 복병이 또 있었구나 남의 일 같지 않아 가슴을 쓸어내리며 정신을 발에다 모으고 내려가는데 이제 거의 다 내려왔으니 조금만 더 힘을 내라는 안내원의 음성이 날아온다. 복음 까지는 아니지만 반가움보다는 좀 더 좋은 말이 있어야 할 것 같은데 마땅한 어휘가 떠오르지 않는다. 산에 오를 때 정상이 가까웠다는 추임새 보다 훨씬 반가운 말임에는 틀림이 없다. 안내되어 들어간 방은 소금을 파낸 자리라고는 도무지 믿어지지 않는 별천지이다. 폴란드인들이 추앙하는 성자의 인물상도 세워져 있는 성당들이 있는가 하면 폴란드 출신 인 바오로 교황이 다녀간 자리라고 기념하는 흔적들도 만들어 놓았다. 지금도 예배를 드리고 있다는 거대한 성당에는 소금으로 만들었다는 샹들리에가 희미한 불빛을 내뿜으며 신비롭게 걸려있는데 아무리 보아도 소금의 이미지는 찾을 길 없는 것이 모든 조형물들의 공통점이다. 그 거대한 지하공간이 모두 소금을 파낸 자리라서 온통 소금인데 전혀 실감이 나지 않는다. 소금이라면 가루만 보아 온 우리로서는 소금덩이래야 항아리에서 굳어진 작은 덩어리 정도인데다 그것도 쉽게 깨뜨려지는 것들이니 실감이 안 나는 것이 오히려 당연한 일이다.

경건한 교회와 어울리지 않는 말의 조각상이 눈길을 끈다. 웬 말인가 했더니 이 광산에서 평생을 봉사하다 죽어간 말들을 추모하여 세웠다는 설명이다. 소금을 캐고 정제하고 나르는 일들을 사람의 힘으로 하다가 말의 힘을 빌리고 싶어졌는데 덩치가 큰 말을 들여올 재간이 없었다. 궁리 끝에 망아지를 들여다가 그 안에서 키워서 일생을 부려먹고 죽으면

광산 구석에 버렸다. 거기서 더 꾀가 생겨 아예 말들을 그 안에서 교배시켜 새끼를 받아 키워서 일을 시켰다. 처음에 들어온 망아지들은 어려서나마 바깥세상의 맛을 좀 보고 죽었지만 나중의 말들은 암흑 속에서 태어나 이 세상 구경도 못 해보고 생을 마쳤다니 가슴이 아려온다. 사람은 자신들이 알기라도 하고 그 안에서 살다 갔겠지만 말 못하는 짐승은 영문도 모른 채 인간의 필요와 욕망을 채우기 위한 수단으로 한 생을 암흑에서 태어나 암흑에서 마쳤다니 불덩이 같은 것이 가슴을 치밀고 올라온다. 예수님의 십자가 고난의 상도, 열두 제자의 조각물도 모두 허망하다는 생각이 든다. 인간의 염치없음의 끝은 과연 어디일까? 하기야 소금 확보를 위해 전쟁을 벌일 정도의 인류역사를 생각하면 지금 이 아낙의 상념은 웃기는 일로 비칠지도 모른다. 잠시 말 앞에서 고개를 숙여 그를 조문하는 것으로 가슴속 불덩이에 물을 끼얹어 본다.

하나님! 분명 이 광산 깊은 곳 소금덩이 옆에도 계셨겠지요? 인간에게 생육하고 번성하라고 축복하시며 만물을 창조하시고 다 쓰도록 주셨지만 이렇게 쓰라고 하시지는 않으셨지요? 사람도 일생을 여기서 살다 간 경우가 대부분이고 노예들인 그들은 선택의 여지가 없이 살았으니 말이나 사람이나 같은 처지인데 너는 왜 사람 아닌 말을 위해 울고 있느냐고 어디선가 소곤대는 듯하다. 사람은 도망치는 도전이라도 해 볼 수 있지만 동물은 그럴 줄 모르기에 가슴이 아픈 것을 왜 모른다고 하느냐고 허공에다 혼잣말을 날려 보내며 말 앞에서 물러섰다. 어린 망아지가 자꾸 눈에 밟히는데 예수님이 지긋이 내려다보며 맞아주신다. 아무 말 없으시지만 네 마음 안다고 눈으로 말씀하신다. 그래 안다 알아 너는 세상

사는 동안 소금광산 망아지 같은 인생을 만들지 말고 살으렴. 부디 그렇게 살다 가려무나. 부끄러워 잠시 고개를 숙이는데 가슴이 다시 뜨거워진다. 그래 나 자신이 그 옛날 소금광산에 말을 낳아 기르게 하고 평생을 어둠에 갇혀 일만 하다 죽게 한 사람들을 책망할 만큼 사람과 세상을 사랑하며 살았는가? 적극적으로 말을 끌어다 어둠에 쳐 넣은 적은 없지만 다른 사람들의 삶이 어둠인지 밝음인지에 깊은 관심을 갖고 도우며 살지는 못한 것 같으니 예수님 앞에서 차마 고개를 들 수가 없다. 마치 뭐 묻은 개가 뭐 묻은 개를 나무라는 꼴인 듯 싶다. 나올 때는 엘리베이터로 쉽게 올라와 매점에서 암염 한 통을 샀다. 손바닥에 조금 덜어 찍어 먹어본다. 눈물이 한 방울 떨어져 소금 맛인지 눈물 맛인지 분간키 어렵다. 눈물 젖은 빵을 먹어 본 적이 없는 여인이 이국 땅 폴란드에서 눈물 젖은 소금을 자꾸 찍어 먹고 서 있는 연유가 무엇이란 말인가?

(2013. 8. 20.)

봄은 스승이다

들여놓았던 겨울옷을 다시 꺼내 입어야 할 것 같던 꽃샘추위가 길기만 하더니 밀려오는 봄바람에 밀려 꼬리를 감추고 말았다. 해마다 겪는 일이면서도 언제나 처음 당하는 일처럼 봄이 없어지려나 보다고 호들갑을 떤다. 우주에 사계절 질서만 있을 리 없다. 다만 계절의 변화처럼 다른 것은 우리가 체감할 수 없기에 없는 것 같아 보일 뿐이다. 세상만사에 다 때가 있다. 겨울이 아무리 길어도 기어이 봄은 오고야 마는 것처럼 다른 일도 한이 차면 변화가 오기 마련이다. 잘 기다리면 그 변화를 볼 수 있고 지쳐서 포기하면 그 결과를 보지 못하는 차이가 있을 뿐이다.

연전에 군자란 화분 하나를 잃을 뻔 하다가 살렸던 감격은 지금도 잊히지 않는다. 시모님이 아끼시던 군자란 분을 지하실에 내려다놓고 월동을 시켰다. 시모님이 미국 따님 댁에 다녀오시는 그 겨울 동안 내려다 놓은 후 그 화분은 까맣게 잊고 지냈다. 겨울 끝자락에 가서 지하실 청소를 하러 내려갔다가 그 화분을 발견하고 앞이 캄캄했다. 겨우내 물을 안 주었으니 틀림없이 죽었을 것이니 큰일이 아닐 수 없다. 시모님 귀국일은 다가오고 군자란은 죽였으니 난감하기 이를 데 없는 일이 아닌가?

씌워놓았던 비닐을 벗겨내고 살펴보니 완전히 못 쓰게 되어 버렸다. 어떻게, 어떻게를 연신 중얼거리면서 조심스레 물을 주었다. 빛이 약간 스며드는 문 쪽으로 옮겨놓고 날마다 들여다보며 며칠 만에 한 번씩 물을 주며 빌었다. 제발 살아나 달라고.

마음을 비워야 한다는 것은 이 작은 일 속에서도 진리였다. 영 가망이 없어보이던 화초의 밑 동 근처에서 연초록색의 뾰족한 순이 얼굴을 내민 것은, 이제 버려야 될까 보다고 포기한 때였다. 붙들고 있을 때 그리도 냉담하기만 하던 것이 체념하기를 기다리기라도 했다는 듯 그 예쁜 얼굴을 내밀어 주더란 말인가? 어리석은 아낙에게 무슨 연유로 그 봄에 커다란 질서 속의 기다림과 정성이라는 것에 대해 가르침을 주었는지 지금도 잘 알 수 없다.

산야는 어김없이 봄꽃으로 울긋불긋 세상물감을 다 풀어놓은 듯 하지만 북한이 핵을 쥐고 총부리를 겨눈 채 으르렁 거리고 있는 한반도는 영하의 겨울이다. 머리에 볼 화로를 이고 앉은 형국이지만 그래도 국민들이 이제 많이 성숙해져서 우왕좌왕하지 않는 것은 매우 바람직한 일이다. 오히려 안보 둔감증을 걱정해야 할 지경이니 국력이 우리를 자신 있게 한 것으로 보여 다행스럽다. 겨울이 아무리 혹독해도 기다리면 어김없이 봄이 활짝 웃고 다가오듯 우리에게도 155마일을 녹일 봄바람이 불어올 날이 꼭 있을 것이다. 다만 우리가 그 시기를 모를 뿐이다. 언제일지는 모르지만 반드시 올 그 날을 위해서 마음을 다해 빌고 또 빌어야 한다. 다 죽은 나무 밑 동에서 새순이 돋아나듯 한반도의 겨울을 끝내고 화장한 봄 햇살을 비출 날이 꼭 있을 것이다. 가까이에 와 있을 것이다.

1945년 8월 15일 우리의 봄꽃이 망울을 틔우자 이웃 열강의 첫 번째 꽃샘추위가 강타한 것이 38선 아니었던가? 분단이라는 청천벽력 같은 꽃샘추위가 환갑을 넘겼으니 이제 서서히 봄바람에 밀려날 때가 가까울 수밖에 없지 않겠나? 대한민국 건국이라는 꽃망울이 터질 때 어김없이 두 번째 꽃샘추위가 덮쳤으니 6.25 한국전쟁이다. 우리는 그 고초도 이겨내고 한강의 기적을 이루어 내고 오늘의 한국을 키워냈다. 그동안 크고 작은 꽃샘추위가 수없이 불어왔지만 대한민국이라는 꽃밭은 번성을 계속해서 화려한 동산을 이루었다. 이제 막바지에 선 가는 겨울의 앙탈을 잘 견뎌내면 된다. 달도 차면 기운다 했는데 무한대의 비극은 없다. 봄은 어떻게 해서라도 기어이 오고야 만다. 지금 바로 우리 앞에 그 봄이 흐드러지게 피어나고 있다. 155마일에도 어김없이 봄꽃이 지천으로 피었으리라. 한반도의 겨울도 곧 끝날 것이다. 지금의 그 요란한 꽃들의 피어나기 경쟁보다 더 치열하게 그 봄은 지금 마지막 행군을 계속하고 있을 것이다.

봄꽃 구경을 위해 남녘으로 달려갈 것이 아니라 모란봉의 봄꽃맞이를 위해 평양 가는 1번 국도가 몸살을 앓는 날이 머지않았다. 마지막 꽃샘추위가 더 극성인 것을 생각하면 오늘의 북한이 바로 그 꼴이 아닌가 싶다. 봄을 맞을 채비나 든든히 해두어야겠다. 봄이 저만치서 웃고 있다.

(2013. 4.)

그는 자유를 택했다

동네에 들어서자마자 바로 보이는 돌담 밑 밭 한쪽 끝에 아주 작은 비석들이 열병식하듯 늘어서 있다. 이상해서 가까이 가 보니 열녀비를 모셔 놓은 것이 아닌가? 열 개쯤 되어 보이는 이 비석군을 보면서 가슴이 멍멍하게 아파온다. 이 마을의 여인들은 남편과 행복하게 살면서도 혹시 자신이 저 돌이 되어야 할 운명에 처하는 것은 아닌지 막연한 불안감에 휩싸이면서 살아가지 않았을까 하는 생각이 들어서이다. 아니 그보다도 저 돌의 주인공들이 살았을 세월이 핏방울 되어 저 돌 속에 고여 있을 것 같다는 생각에서다. 두 사람의 사랑이 깊어서 죽음이 육신을 갈라놓았을 지라도 영원히 그를 마음에 품고 아무 어려움 없이 잘 살아갈 수 있는 경우에는 열녀가 되어도 좋으리라. 하지만 여인은 일부종사를 해야 한다는 도덕률 때문에 견뎌내기 어려운, 아니 전혀 견뎌내고 싶은 생각이 없음에도 불구하고 금욕해야 하는, 강요된 일편단심이 열녀라는 포장으로 위장된다는 것은 인권유린 이외에 아무 의미도 없다.

우리 집안에 시댁에서 쫓겨난 어느 부인의 얘기를 하면서 시어머니는 그 여자가 피가 뜨거웠던 모양이라고 설명하시던 기억이 난다. 남편 없이는 견뎌내기 힘든 여자가 따로 있으며 그런 여자는 절제하려 해도 피가 뜨거워 도를 넘을 수밖에 없다는 설명이었다. 사람은 각자 얼굴이 다르듯이 그런 면도 다를 수 있으리라. 그런 것보다 더 중요한 것은 여자는 홀로 되면 꼭 그 죽은 남편을 생각하며 그 집을 지키고 살면서 아이들 잘 기르는 것은 물론이고 시부모 형제들까지 잘 모시고 봉양해야 한다는 덕목이 문제이다. 그 선택권이 자신에게 있는 것이 아니라 이미 정해져 있는 사회규범이라는 것이 참으로 웃기는 일이 아닐 수 없다. 이제다 옛일이 되어버린 역사 속의 유물을 가지고 뭐 그렇게 열 낼 것 없다는 생각에 무심히 돌아서려는데 좀 이상한 비석 하나에 눈길이 머무는 순간 깜짝 놀랐다. 열녀의 공덕을 기리는 간단한 비문 앞에 이름이 쪼여져 없어져 버렸다. 중대한 훼손이 아닐 수 없다. 마을 사람들에게 물어보니 외면하고 가버릴 뿐 아무도 설명을 해주려 들지 않는다. 겨우 한 노파로부터 들은 말은 없애야 할 만 하니까 없애지 않았겠느냐는 것이다. 명답이다.

그 돌의 주인공은 훼절을 해서 쫓겨나고 비석은 주인의 이름을 쪼아서 파내는 수모를 겪은 후에 그 집 헛간에 처박혀 있었다. 훗날 그 여인의 후손들이 자기 집안에 일단 열녀가 있었고 나중의 훼절은 그렇다 치더라도 열녀비까지 세울 정도로 인정받던 분이라면 그 사실 자체는 남겨야 하는 가문의 영광이라고 해서 다시 제자리에 세워놓게 되었다는 것이다. 사랑하고 의지하던 하늘 같은 남편이었지만 옆을 떠나고 난 후 홀로 세상을 살아가기가 힘들어 새로운 반려가 필요한 사람에게까지 꼭 홀로 남아 옛 생각만 가지고 살아가라는 강요는 순리를 거스르는 일이다. 그렇다는 것을 너무도 잘 안 선인들은 열녀비라는 당근과 훼절했을 때 엄청난 불명예와 불이익이라는 채찍으로 여인들을 붙잡아두려 했던 것이다. 반려가 죽어도 홀로 세상을 살아가야 한다면 남자도 그래야 하는 것이지 왜 여인에게만 그 일을 강요했느냔 말이다. 새로운 짝을 찾고 안 찾는 것은 그 당사자 개인의 선택에 따를 뿐이다. 그 자신의 몫이지 세상이 나서서 정절이니 훼절이니 하고 떠들 일이 아니라는 것이다.

우매하기로 들면 그 옛 사람들 못지않게 더 우매한 사람이 바로 나다. 어머니가 19년을 생사를 모르는 아버지를 그리며 북쪽 하늘만 바라보고 지내도 지극히 당연한 일로 알고 살았지 조금도 이상하게 여기지 않았다. 어머니의 피가 차가워서 별 일 없이 살다 가셨는지 어쩐지는 알 수 없지만 딸 하나 있는 것이 맹추도 보통을 넘는 맹추가 아닐 수 없다. 혼인해서 아이를 낳고 살면서야 어머니가 여인으로 힘겹게 살았겠다는 생각을 할 수 있었으니 말이다. 아버지보다 더 나은 사람은 이 세상에 없어서 자기는 죽어도 또 아버지하고 혼인하겠노라는 분이셨으니 다른 할 말은 없으나 그 깊은 애환이야 내가 어찌 안다 하랴.

아무튼 열녀비를 보면 자꾸 화가 난다. 여인들의 가슴에 박힌 한이 튀어나와 서 있는 것 같기도 하고 여인을 학대하던 남정네들의 몽둥이 같기도 해서 기분이 나쁘다. 그 돌들의 주인공, 숭고한 여인들에게는 미안하지만 어쩔 수가 없다. 이름을 쪼아 먹힌 작은 돌에 갑자기 박수를 보내고 싶어진다. 이름이 정에 맞아 돌가루 되어 부서져 흩어지는 그 순간에 그에게 주어졌을 자유, 생각만 해도 신나고 깃털처럼 가벼워지는 마음이 창공을 훨훨 날고 있다. 아 고귀한 이름 열녀가 아니라 자유 그것이다. 그 뒤에 순리가 꼬리를 흔들며 연이 되어 날아오른다. 그래 열녀가 아니라 자신을 존중하는 자연 그대로의 한 여인이 거기 서 있을 뿐이다. 쪼여나간 이름 자욱이 장미꽃 되어 웃고 있다.

그는 명예 대신 자유를 택했다. 목숨보다 귀한 자유를.

(2012. 4.)

누가 마지막에 웃었을까?

잘 생겼다는 말만으로는 흡족한 설명이 될 수 없는, 어딘지 모르게 범접하기 힘든 분위기의 한 청년 앞에 서 있다. 차림으로 보아 평민은 아닌 성싶다. 날카롭게 선 콧날이 서슬 퍼렇게 느껴지면서도 공연히 가슴 시린 외로움 같은 것이라고 할까 고뇌라고 할까 아무튼 야릇한 그늘이 느껴지는 그런 모습이다. 옆의 설명을 보니 영인군의 초상이다. 조선의 최장수 재임기간을 기록한 영조의 청년기 세제 시절의 풍모이다.

숙종의 둘째 아들로 태어나 후사 없이 요절한 형, 경종을 이어 조선의 20대 왕위를 계승한 임금님 영조, 우리나라 문예부흥기의 서막을 연 영특한 왕이었으면서도 아들을 뒤주에 넣어 풀섶으로 덮어 6월 염천에 떠죽게 만든 잔인의 극치를 보여 준 패륜의 임금 무수리 출신이라고 무시당하고 홀대 받던 어머니 최숙빈을 위해 몸을 떨며 신하들과 싸우면서 모후의 모든 것을 챙기려 했던 효성 깊은 임금, 등 평가와 해석이 극과 극을 달리는 비운의 왕이다. 장희빈의 독을 품은 눈길이 기어히 그를 말려 죽이고 말았다고 해도 과언이 아닐 만큼 영조의 어두운 면을 볼 때면 먼저 떠오르는 것이 숙종조의 장희빈 모습이다. 대학 시절 장희빈이 무대에 올라 당당히 자신의 정당성을 강변하며 백번 다시 태어나서 그 입장이 된다 해도 또 그렇게 할 것이며 오히려 한 발 더 나아가서 더 강력히 반대파를 응징함으로써 자신의 위치를 굳건히 지켜 경종을 훌륭한 장수의 왕으로 만들어내고야 말 것이라는 독설을 퍼붓는 연극을 보던 때가 떠오른다. 역사 뒤집어 읽기 정도의 시각으로 기획된 특별 프로그램이었던 그 연극을 보면서 우리들은 남녀 학생 가릴 것 없이 장희빈의 독부로서의 이미지만 부각시키는 시도라는 생각 정도에서 머무르는 정도였다. 장희빈의 입장에서는 그럴 것 같다는 생각이 머리를 밀고 올라오는 것 같기도 했으나 그런 악독함이 내 속에도 있다니 누가 알까 무서워 말도 못하고 자꾸 내리 누르기만 하던 기억이 아직도 잊히지 않는다.

혼인하고 아들을 낳아 기르면서 여러 번 장희빈을 만날 때마다 생각이 조금씩 바뀌고 있음에 놀랐다. 이해할 수 있으리라던 생각에서 이제는 나라면 더 했을 것 같다는 생각이 서슴없이 들곤 한다. 그냥 인간의 도덕적 기준의 선악이 아니라 생사의 갈림길에서 정해야 할 향방인 것을 어떻게 양보하라고 강요할 수 있단 말인가? 여인에게 자식의 일이라면 제 목숨 같은 것은 천 번이라도 던질 수 있는 하릴없는 것이거늘 아들의 안위가 걱정되는 정도가 아니라 그가 죽을지 살지가 모를 싸움이라면 과녁에 화살을 몇 발이라도 쏠만 하다. 왕위에 오르지 못하는 왕자의 처지가 어떤 것인지 알 수 있을 뿐 직접 그 지경에 이르러 보지 않은 입장에서 어떻게 왈가왈부 하랴만 능히 그런 상황에서 거의 모든 어미들이 택할 수밖에 없는 나락의 길이 아닐까 싶은 생각이 든다. 연민의 정을 느끼면서 칠궁에 들어섰을 때 참, 사람의 인연이란 묘한 것이란 생각이 들면서 장희빈과 최숙빈을 떠올렸을 때 과연 누가 승자일까 궁금해졌다. 두 여인 모두 아들을 왕위에 올렸다. 숙종이라는 정인의 마음도 독차지 해보기도 했다. 두 여인 모두 다 말이다. 인현왕후도 아들이 있었으면 그렇게 천사표로만 머물러 있었을까? 고개를 갸웃해 보지만 그의 덕에 누가 될까봐 이쯤에서 말을 아껴야 할 것 같다. 이 여인들의 공통점은 모두가 다 왕에게 선택받지 못하면 사랑만 잃는 것이 아니라 권좌를 지키지 못하는 절박함이 있었다는 사실이다.

예리한 눈매를 번득이며 지금 무엇을 생각하고 있느냐고 청년이 묻는다. 화가의 재주야 감탄의 대상인지 오래지만 어쩌면 사람의 내면을 저렇게도 잘 그려 낼 수가 있단 말인가? 화가야 나타난 대로 그렸으니 사람이란 그 속마음을 아무리 감추려 해도 얼굴에 쓰고 다닐 수밖에 없는 한계를 가진 존재라고 몰아세운다면 그도 그럴 것 같다고 고개를 끄덕일 수밖에 없다. 이제 어떤 일이든 내가 옳다고 주장할 만큼 자신 있는 부분이 아무것도 없다는 것을 알기 시작해서이다. 자신을 싸고 감도는 증오와 견제, 할 수 없이 머리를 조아릴 뿐 은근히 자신을 능멸하고 있다고 믿는 사람들 틈에서 모른 척 참아내며 그들을 통솔해야 하는 인간적 고뇌와 아픔 같은 것들이 승화되어 빚어내는 오묘한 저 분위기, 그 기에 눌려 옷깃을 여미고 지그시 눈을 감는다. 저 속에서 자신을 온전히 지켜내지 못한 결기가 못내 아쉽다. 그것만 잠재울 수 있었더라면 사도세자의 비극은 없었을 텐데, 혜경궁 홍씨가 피 토하는 주연을 맡지 않았어도 되었을 텐데 뉘라서 역사를 다시 쓸 수 있으랴.

서울 서북쪽 끝자락 은평구와 경계한 경기도 고양땅 서오릉에 숙종은 첫 왕비 장경왕후를 시작으로 인현왕후와 장희빈까지 거느리고 한 경내에 사이좋게 누워 있다. 그렇게도 그리워하던 장희빈은 멀리 따로 놓고 인현왕후와 나란히 누워 있는 명릉을 떠올리니 묘한 웃음 한자락 입가를 스친다. 그 웃음의 의미를 꼭 집어 설명하기 힘들다. 그것이 인간사요 세상사라는 말밖에 할 말이 없다. 영인군이 그런 세상의 이치를 조금만 마음으로 받아들였더라면 증오에 갇혀서 자신의 이성을 제대로 작동시키기 힘든 노후를 맞지 않았어도 좋았을 것을 그랬다. 숙종의 여인들 중 누가 최후에 웃었을까? 영인군에게 물어본다. 청년의 콧날이 칼날 되어 번득이기도 하고 이글거리는 눈매가 불꽃을 튀겼다가 순한 양처럼 서럽게 바라보기도 한다. 그래 인생에 정답이 어디 있겠는가? 영인군과의 오늘 만남도 행운 중 하나일 뿐이다. 그는 그래도 조선 역사의 맺힌 부분을 풀어내는 신원작업을 제일 많이 한 왕이다. 이 또한 우연은 아니다. 용서를 실천하는 몸짓이었다.

(2012. 4.)

* 세월이 많이 흐른 후 역사속의 사건에서 죄인이 되었던 사람들의 복권을 행해서 신분을 되찾아주는 일

대한민국
서울 70년

1. 20세기 초입의 서울

우리가 살고 있는 서울은 거대 도시의 애환을 한꺼번에 갖고 있다. 장단점을 고루 갖추고 있다는 의미이다. 하지만 한강처럼 넓고 아름다운 강과, 북한산만한 절경의 산을 중심으로 인왕산, 낙산 목멱 등에 아담하게 에워싸인 수려한 도시는 세계에 유례를 찾기 어렵다. 게다가 도심 한가운데를 흐르는 청계천을 이 아름다운 그림에 화룡점정을 한 것이라면 지나친 극찬이 될까?

1910년 나라를 빼앗기고 통한의 세월을 살아오는 동안 서울은 식민지 개발로 마음껏 훼손되었다. 도시 전체가 문화유적이었을 것을 유린한 것이 한둘이 아니다. 경복궁은 거의 철거하다시피해서 전각들을 멋대로 팔고 옮기는 등 갖은 만행을 저질러서 황폐화시킴으로써 조선의 자존심을 바닥까지 밟아버렸다. 정전인 근정전의 바로 코앞에 조선총독부를 지어 자신들이 조선 땅의 사실상 주인임을 무언으로 과시하였다. 우리의 국사당이 있는 남산에 조선신궁을 짓고 동방요배를 강요하며 신사참배를 통한 황국신민 세뇌를 획책하였다. 창경궁은 동물원으로 만들어 왕실을 폄하하는 극치로 삼고 경복궁을 만국박람회 장으로 삼아 뭇사람의 발 아래 짓밟히는 방법으로 절묘하게 조선 황실을 능멸하였다. 창덕궁의 후원을 비원이라는 이름으로 고쳐 부르게 함으로써 격하시켰다. 도성 곳곳에 산재해 있던 왕실 후궁들의 사당, 특히 임금의 어머니인 후궁들의 사당들을 도시 정비라는 미명하에 육상궁에 한데 모아 칠궁을 만들어 버림으로써 우리의 역사와 문화를 마음껏 유린하였다. 일본 왕세자의 방한 길에 마음대로 숭례문의 성곽을 헐어내는 만행도 서슴지 않았다. 임오군란과 명성황후 시해 사건인 을미사변 때 황후를 보호하려 목숨을 버렸던 충신들의 혼백을 위로하고 그 충정을 높이 기리기 위해 고종황제가 친필로 장충단이라 쓰고 모셨던 우리 민족의 한이 서린 그 장충단을 헐고 그 자리에 이토 히로부미의 혼을 기리는 박문사를 세운 것은 오히려 쓴웃음을 자아내게 할 정도의 치떨리는 만행이다. 경희궁은 아예 헐어버리고 그 정문을 박문사의 정문으로 옮겨갔으니 기막힌 일이 아닌가? 경희궁을 헌 자리에는 일본인 자녀들의 중학교인 경성중학교를 세운다. 남의 나라 궁을 헐고 그곳에 교육장소를 세우면 명분이 서는지 알 수 없으나 전국의 곳곳에서 이런 류의 작태를 수없이 저질렀다.

2. 광복으로 활기 찾은 서울

이렇게 훼손된 서울의 모습이 한둘일까만은 오늘 본고에서는 광복 후 70년 가까운 서울의 모습을, 체험을 중심으로 해서 함께 나누어 보고자 한다.

1945년 8월 15일 조국이 광복되었을 때 서울은 서울역에 기차가 들어오고 시내에는 전차가 다니면서 시민의 발이 되어 주었다. 인력거가 오늘날 택시 구실을 했으며 소수의 택시도 있었다. 자가용은 관용차와 그에 준하는 기관의 소유가 극소수 있었다.

주택은 한옥과 일본식 가옥이 섞여 있었고 초가도 있었다. 일본인들은 주로 서울 남쪽에 많이 거주하였다. 세칭 북촌이라 불리던 궁궐 주변에는 예로부터 실세의 관직을 가진 양반들과 궁인들이 몰려 살았는데 청계천 북쪽이라 보면 된다. 예를 들면 오늘의 가회동, 삼청동 일대와 교동 낙원동 등지이며 청계천 북쪽으로 보면 된다.

종로는 육주비전을 비롯하여 조선 상권의 중심지였다. 일제 강점기 동안에도 이곳 종로의 조선인 상권은 일본인들도 부수지 못했다. 이러다 보니 일본인들은 자연히 청계천 남쪽으로 자리를 잡았고 상권은 지금의 을지로인 황금정과 명동 뒷길인, 중앙 우체국 옆에서 명보극장 앞 쪽에 이르는 본정 통을 형성하여 일본인 중심 상권을 이루어 나간다. 이것이 오늘의 명동과 충무로로 변천하였다고 보면 된다.

자연히 이 주위에 고급 일본 주택이 들어서고 중구 저동 일대에는 최고급 일본식 주택들이 들어서게 된다. 현재의 북아현동 일대에는 조선총독부 관사가 들어서고 후암동에는 조선은행 관사, 장충동, 약수동, 신당동 일대에는 경성전기 관사 등이 들어섰으며 남산 자락에는 일본인들이 진을 치고 살게 되었다.

일본인들의 종교인 천리교당이 서울 도심에 약 10여 곳이 있었는데 이 들은 미군정에 의해 개신교회에 접수된다. 오늘의 영락교회, 경동교회, 신일교회, 충무교회, 초동교회, 서소문교회, 초동 성남교회 등이다.

일본인들의 주택은 적산 가옥으로 국가에 귀속되어 불하되기 시작했다. 일본인들이 졸지에 항복으로 쫓겨가면서 미처 정리할 시간적 여유를 갖지 못하는 사태가 발생함에 따라 그곳에 종사하던 한국인 종업원들이 그 상권을 그대로 인수받게 되어 새로운 우리 경영인들이 태동되는 계기가 되었다.

서울은 활기를 되찾고 정치적 소용돌이 속에서도 우리의 정체성을 찾아나가는 몸부림을 계속하고 있었다.

1) 교통

종로(청량리~서울역), 을지로(왕십리~서울역 돈암동~을지로4가),광화문(효자동~원효로, 동대문~마포) 등지에는 전차가 다녔으며 택시가 있었다. 그 외에 극소수의 자가용차가 있었다. 이때는 버스가 아직 없었고 마차 수레가 있었고 미 군용차들이 다닐 뿐이었다.

서울역에서는 경부선, 호남선, 경인선 전라선, 장항선 등이 다니고 서울역 그릴은 그 시대 서울의 고급 사교장 구실을 하던 레스토랑이었다. 어지간한 거리는 걷는 것이 교통수단의 중심이었다.

2) 주거

한옥은 온돌을 썼으며 연료는 나무였다. 일본식 가옥은 다다미방으로 되어 있는데 적산 가옥을 불하 받은 후에는 한두 개의 방만 온돌로 고쳐서 쓰고 나머지는 그대로 다다미를 사용하였다. 다다미방에는 방 중앙에 고다쯔라는 일본식 난방의 화로 같은 것이 설치되어 있었으나 큰 방 하나에나 있는 정도라서 주로 이불 안에 류담뽀라는 뜨거운 물주머니를 넣고 난방을 대신하였다.

취사용으로는 적산 가옥 등에서는 화덕이 설치되어 있어서 조개탄 등을 사용하였다. 석유풍로도 귀하지만 고급 적산 가옥에서는 사용하였다. 화장실이 변소라는 이름으로 적산 가옥과 양옥에만 실내에 설치되어 있었다. 양옥은 한국인들이 살던 지역에 주로 있었다.

3) 문화

공연장의 중심격인 부민관은 신생 대한민국의 국회의사당으로 탈바꿈되었고 명동의 시공관이 중심 역할을 하게 되었다. 여러 가지로 변모 되다가 현재 예술극장으로 다시 제 모습을 되찾아 서울 시민 품으로 돌아왔다. 국도극장, 약초극장, 중앙극장, 단성사 등이 시민의 애환을 달래주는 곳이었다.

반도호텔은 서양식 호텔로서 미군정이 들어오면서 새로운 정치, 사회사교의 현장이 되는 시기였다. 이곳에서 열리는 여러 파티를 통해 서양문명을 시민들은 간접적으로 만나 보는 기회가 많아졌다. 명동에는 부래옥이라는 서양 과자점도 있었다. 종로에 화신과 소공동에 미도파, 회현동에 신세계, 이렇게 세 곳의 백화점이 있었다.

4) 음식

서울 음식은 때로 궁중음식으로 대표되는 듯하지만 여기서는 일반적인 서민들의 밥상 음식을 소개하고자 한다.

전기냉장고가 보급되기 전이어서 저장성의 문제 때문인지 모르지만 서울의 여름 밥상에는 김치를 보기 힘들었다. 열무김치를 더러 담가 먹었겠지만 주로 오이지와 짠무지가 김치를 대신 했다. 젓갈류 같은 염장류가 아닌 굴비와 암치포가 서울 사람들의 여름 반찬이었다.(저소득층은 예외였겠지만 상당히 널리 애용된 음식이라 할 수 있다.)

5월이면 준치회를 떠서 먹고 뼈를 정성껏 발라내고 머리까지 정교하게 잘 맞춘 후에 입에 앵두를 물려 발에 걸어 놓는 운치를 즐기는 여유도 가졌다.

민어가 나오면 애호박 등을 넣고 민어탕을 끓여 온 식구는 물론이고 동네잔치를 벌이기도 했다. 봄이면 조기 탕을 즐겨 먹었다. 인천이 가까운 덕에 주로 흰살 생선인 조기, 민어, 병어 등을 주로 먹었고 새우를 많이 썼다. 서울은 김장 김치에도 조기젓과 새우젓을 썼지 멸치젓은 이 시대까지는 사용하지 않았다.

밥은 보리밥은 많이 먹지 않았고 팥을 타서(거칠게 약간 가는 상태) 섞은 쌀을 주로 한 팥밥을 먹는 것이 여름철 밥이었다.

아이들의 간식으로는 눈깔사탕이라고 불리던 왕사탕이 주류를 이루었고 일본인들이 경영하다가 놓고 간 고급 과자점에서 맛있는 과자류도 팔았지만 지극히 일부 사람들에게만 애용되던 형편이었다.

3. 6.25로 폐허가 된 서울

1948년 7월 17일 대한민국 헌법이 제정되고, 그해 8월 15일 광복절을 기해 대한민국정부가 수립되었다. 거센 역사의 소용돌이를 이겨내고 드디어 건국을 하게 된 것이다. 조선총독부 건물은 아쉽지만 중앙청이라는 이름으로 새 나라의 중앙정부 청사로 사용되었다. 서울 시청, 경기도청, 한국은행 등 주요 관서는 일본이 쓰던 것을 그대로 사용하였다. 법원도 마찬가지였다.

비록 38선으로 국토의 허리가 잘리기는 했지만 후일을 기약하며 힘차게 새 나라 발전에 매진하던 중 1950년 6월 25일 새벽 4시 청천벽력과도 같은 38선 전역에서의 북괴군 일제 남침으로 어이없게도 3일 후인 6월 28일 서울이 함락되는 민족의 비극을 맞게 된다.

한강다리가 끊기고 서울 시민은 독 안에 든 쥐가 되어 석 달간의 지옥살이를 감내해야 했다. 아무런 대비가 없었던 서울 시민은 극심한 식량난으로 보리 몇 알갱이가 뜬 희뿌연 국물 정도의 근대 죽으로 겨우 연명하며 아사를 면할 수 있었다. 원래 베고 돌아서는 동안에도 자란다는 말을 들을 정도로 잘 자란다는 근대가 그해 여름에는 유난히도 잘 자라는 대풍을 이루어준 덕택에 서울 시민을 굶어죽지 않게 해주었다는 말이 돌기도 했다.

9월 15일 맥아더 장군의 인천상륙작전 성공으로 9월 28일 서울은 적의 수중에서 탈환되어 9.28 수복이 이루어졌다. 이러는 동안 서울 시내 충무로 일대 등지에서는 시가전을 위한 참호가 곳곳에 세워지기도 했다.

중공군의 개입으로 다시 밀려 내려온 국군과 유엔군은 다시 서울을 내줄 수밖에 없이 되어 1951년 1월 4일 서울에서 완전 철수함으로써 1.4 후퇴라는 슬픈 역사를 쓰게 되었다.

1953년 휴전협정이 체결되고 전쟁이 멈추고 서울환도가 이루어지지만 서울은 거의 폐허가 되어 있었다.

4. 전후복구와 재건의 몸부림

서울은 정부가 다시 돌아오고 전쟁의 악몽에서 벗어나 전후복구에 전념하는데 집은 폭격으로 없어지고 어디를 보나 아수라장 같고 거지와 고아들로 넘쳐나는 처참한 형국이었다. 피나는 노력으로 재건을 시작하여 오늘의 서울을 기적같이 이루어 내는데 어떤 노력과 얼마만한 피와 땀을 쏟았는지는 여러분이 모두 아는 역사이기에 본고에서는 생략하고 생활을 중심으로 해서 분야별로 살펴보고자 한다.

1) 교통

환도 후에 서울에는 시내버스가 처음 등장했는데 노선을 개척해서 확장해 가는 과정에서 노선 독점제가 자연스럽게 형성되었던 것 같다. 서울 시내버스업자의 노선 독점제는 이명박 대통령이 서울시장 시절에 강행한 서울시내버스 체제의 대대적 혁신으로 많이 완화되었으나 아직도 아주 없어지지는 않았다고 본다.

서울에는 전차와 시내버스에다 합승버스가 시민의 발이 되어 주었고 택시가 늘어나기 시작하였다. 신진자동차가 시발택시를 개발하여 택시의 대중화가 시작되었고 현대자동차가 포니를 생산하는 것을 시발로 자가용의 보급이 확대되어 오늘에 이르렀다고 본다. 그 시절에 앞으로 마이카 시대가 온다는 말은 들어도 전혀 감이 잡히지 않는 일이어서 실감이 나지 않았다.

차는 늘어나고 교통체증이 심해져서 청계천을 복개하고 그것도 모자라 고가도로까지 깔았다가 다시 복원하여 청계천은 새로운 서울의 명소가 되어 시민을 즐겁게 하고 있다.

1960년대 초 서울의 학생 전차요금은 2원 50전이고 학생용 한 달 사용 정기권은 120원이었으니 격세지감을 느낄 뿐이다. 만원버스에는 차장이 사람을 짐짝처럼 밀어 넣고 행선지를 하루 종일 외치다 보면 지쳐서 발음이 흐려지는 것이 버릇이 되어 '청량리 중랑교 가요'의 외침이 '차라리 죽는 게 나요'로 들려 웃음거리 얘기로 회자되기도 했다.

경제개발로 산업화가 발 빠르게 이루어지고 한강의 기적을 이루어내는 과정에서 도시로의 대이동은 서울을 만원으로 만들었고 심각한 교통난과 교통체증을 해소하기 위해 1974년 서울에 처음으로 지하철이 건설되어 8월 15일 역사적인 개통을 하게 되었다. 서울 지하철 1호선의 탄생이고 우리나라 최초의 지하철이다. 현재는 9개 노선과 몇 개의 지선을 갖고 있는 규모로 확장되었다.

그런 것들로도 모자라 시내버스 전용차로제를 실시하다가 급기야는 중앙 전용차로제를 실시하게까지 되었고 온 세계가 벤치마킹하기에 바쁜 명물이 되어 대중교통의 원활한 소통에 효자 노릇을 톡톡히 하고 있다.

서울 곳곳에 교통소통을 원활하게 한다는 이유로 설치됐던 고가도로와 육교를 철거하고 보행자를 배려하는 횡단보도 설정을 적극적으로 하는 정책의 변화를 가져왔다.

2) 주거

서울 환도 후 극심한 주택난을 해결하기 위하여 서울의 서쪽 변두리인 불광동에 신흥 주택지를 형성하고 국민주택을 짓기 시작하여 한옥이 아닌 새로운 주거 문화가 확산되기 시작하였다. 다른 한편으로는 용두동, 제기동, 안암동 등지에 새로운 한옥단지가 들어서서 주택문제를 해결해 나갔다. 하지만 아파트와 연립주택이 확산되기 전까지는 거의 대부분의 가구는 셋방을 살 수밖에 없는 열악한 주거환경을 감내해야만 했다. 고지대에는 자고 나면 무허가 판잣집이 늘어나기 시작해서 서울의 고지대는 온통 판잣집으로 병풍을 두르듯 하게 되었고 이 판자촌 무허가 주택지는 김현옥 시장에 의해 시민아파트로 탈바꿈 되었으나 부실 날림공사로 와우아파트가 무너지는 이른바 와우아파트 붕괴 사고로 더 이상 추진되지 못했다. 차례로 헐어내고 이 지역과 판자촌 지역들이 재개발 사업으로 새로운 아파트 단지로 바뀌면서 많은 주택을 보급하게 되었다. 하지만 곳에 따라서는 스카이라인을 크게 해치기도 해서 또 하나의 도시 흉물이 되는 것 아니냐는 비판을 받기도 했다.

1970년대에 시작된 영동개발을 시점으로 불붙은 강남의 형성이 서울을 오늘처럼 뻥 튀겨 놓았다. 한강이 서울의 중심을 흐르는 강이 되었고 한 개의 다리가 수십 개가 되어 이러다가는 한강을 복개하는 날이 올지도 모른다는 너스레가 오가기도 했다.

수세식 화장실이 있기는 했으나 대중적으로 확산된 것은 1980년대라고 보는 것이 옳을 것 같다.

나무를 주연료로 하던 것이 연탄의 공급으로 자리를 내주고 연탄이 온돌을 덥히는 한 세대 동안 연탄 중독사고로 많은 인명을 앗아가기도 했다. 아파트의 공급이 확대되면서 석유가 난방연료가 되고 취사용은 일반주택에서도 석유풍로가 대세를 이루고 석유난로가 난방의 주요 조력자가 되어주어 석유가 난방과 취사의 핵심 연료가 되었다.

보일러가 보급되면서 연탄이 사라져가고 LPG가스가 주요 연료가 되고 그 후에는 도시가스에게 그 자리를 내주고 오늘에 이르고 있다.

아파트, 연립주택, 원룸 등의 보급 확대로 일반주택지는 거의 사라져가고 작은 텃밭과 정원 꽃밭들을 갖춘 서울의 주택들은 이제 역사 속으로 사라져가고 있다. 대신 셋방살이의 애환 또한 거의 사라졌다고 볼 수 있다. 벌집이 있을지언정…

일제 강점기의 훼손, 6.25전쟁의 폐허, 급격하게 빠른 산업화에 따른 서울의 인구집중 등이 없었다면 우리 서울도 유럽의 프라하나 부다페스트 같이 중세의 도시 모습을 갖춘 도시들처럼 고색창연하게 남아 있을지도 모른다는 생각을 해보는 것은 시나친 감상이 되려나 모르겠다. 전통이 고스란히 남아있는 모습은 아니지만 역동적인 도시로 거듭 태어난 서울을 더욱 아름답게 하기 위해 훼손된 남산의 제모습찾기 사업이 시작되었다. 1990년대 초에 시작된 이 사업은 급기야 남산을 가리며 버티고 서있던 외인 아파트의 폭파 철거로 사업의 강한 의지를 대변하며 시민들의 가슴을 후련하게 해주었다.

그동안 남산은 여기저기 건물이 멋대로 들어서서 한없이 훼손되었고 스카이라인을 엉망으로 만들었으며 경관을 해친 것이 한두 가지가 아니었다. 산자락에서 숭례문에 이르는 길목에는 점쟁이, 사주 관상쟁이들이 좌판을 벌이고 앉아 행인들을 유인하여 영업을 하였다. 오늘의 남산 길을 보면서는 도저히 상상되지 않는 그림일 수밖에 없는 일이 불과 1세대 전 서울의 모습이었다. 그곳에는 냉차장수도 한자리 차지하고 좌판을 펴 서민들의 목을 축여주었다. 거리에는 스냅 사진사들이 있어서 지나가는 행인을 마음대로 찍고서는 즉석에서 빼들고 다가와서 내밀었다. 처음으로 찍힌 사람들은 대부분 신기해서 서슴지 않고 사는 경우가 많았다. 카메라가 귀하던 시절의 풍경 한 토막이다.

3) 문화

부산에 가 있던 수도가 환도한 이후에 명동이 문인을 비롯한 예술가들의 모임터로 명동시대를 열고 명동에서 그들은 애환을 달랬으며 시내 곳곳에는 다방이 번창하기 시작했다. 음악 감상실이라는 곳이 생겨서 젊은이들의 휴식처가 되어 주었고 맥주집이 통기타 가수들의 공연장을 겸하면서 새로운 문화를 만들어 나갔다.

서너 개밖에 없었던 극장은 셀 수 없을 정도로 많아졌고 세종문화회관, 예술의 전당 등 국제적 수준의 대공연장과, 서울 운동장 한 곳밖에 없던 경기장도 잠실 올림픽 스타디움과 상암월드컵 경기장을 갖게 하는 등 놀랄만한 시설의 발전을 가져왔다.

반도호텔, 조선호텔 정도를 갖고 있던 곳에 국제적 수준의 초고급 호텔만도 수십 개를 갖고 있는 서울이 되었다. 문화라는 방대한 분야를 이 짧은 시간에 다 섭렵할 수 없으니 본고에서는 이 정도의 언급으로 그치려 한다. 다만 서양 선호의 사조에서 우리의 것에 눈을 돌리는 발전을 거듭하더니 급기야 한류의 돌풍을 몰고 온 진원지 서울을 자랑스럽게 생각하면서…

4) 음식

온 세계의 음식이 한곳에 모여 있다시피한 오늘의 서울에서 음식을 논한다는 것 자체가 의미가 없을지도 모르지만. 역시 서민들의 밥상 문화를 중심으로 몇 가지 살펴보려 한다.

오이지와 짠무지에 의존했던 여름 밥상은 각종 김치로 넘쳐난다. 오이지는 역시 아직도 사랑받는 여름 밥상의 주인공 자리를 굳건히 지키고 있지만 말이다.

서울의 김장김치에는 흰살 생선인 조기젓과 새우가 쓰였을 뿐인데 6.25 피난지인 부산과 남쪽지방을 거쳐오면서 환도 후에는 조금씩 멸치젓 등의 남쪽 젓갈류가 들어오기 시작하다가 영남 호남 지방의 농촌인구가 도시로, 서울로 집중되기 시작하면서 서울의 김장김치는 멸치젓은 말할 것도 없고 갈치속젓에 이르기까지 각종 젓갈을 섭렵하게 되고 강한 그 젓갈들에 익숙해진 서울 사람들의 혀끝을 끝내 점령하고 말았다. 게다가 냉장고의 보급은 김치의 오랜 보관을 가능케 하여 여름 김치에도 젓갈을 사용할 수 있게 만들어 주었다.

이 외에도 모든 음식 맛이 강해지고 양념을 지나칠 정도로 사용하는 남쪽 음식의 영향을 받고 각처의 음식문화가 뒤엉켜서 담박하던 서울 음식 특유의 맛을 찾아보기 어렵게 되어 버렸다.

서울 설렁탕 맛을 보기도 어렵고 제대로 익은 곰삭은 맛의 서울 깍두기 맛도 찾아보기 힘들어진 대중음식점의 현실도 아쉬운 일 중의 하나이다. 오이도 속성 재배로 쉽게 물러 버리는 바람에 서울식 오이소박이 맛을 밥상에서 만나기도 그리 녹록한 일이 아니게 되었다.

5. 통일 한국의 서울

서울의 모든 것을 어떻게 한꺼번에 말할 수 있겠는가? 다만 서울을 잘 알듯 하면서도 실은 너무 모르면서 무신경하게 살아가고 있는 것 같아 생활 속의 이야기를 소박하게 담아보고자 한 것이 본고의 목적이었다. 역사적으로 잘 알려진 일들이나 자료에 다 나와 있는 것들은 일부러 제쳐두고 써내려가고자 노력했다면 지나친 역설이 될지 모르지만 논문이 아니라는 생각에서 주로 체험과 서민들의 생활을 중심으로 서울의 진짜 냄새를 함께 맡았으면 좋겠다는 생각으로 접근하였다.

자 이제 지금의 서울은 우리가 보는 모습 그대로이다. 우리들이 할 일은 각자가 할 수 있는 한 지혜를 짜내서 우리 고유의 서울 모습을 되도록 복원해내서 서울만이 갖는 독특한 색채를 지니는 도시로 거듭나게 하는 일이다. 그래야 경쟁력이 있고 세계화 시대에 살아남을 수 있다.

머지않아 통일 한국의 서울로 세계인을 놀라게 하고 누구나 한번쯤 꼭 오고 싶어 하는 꿈의 도시로 변모된 서울에서 살고 싶다. 광화문 광장에서 한의 아리랑이 아닌, 주체할 길 없는 기쁨을 토해내는 아리랑을 목놓아 절창하고 싶다. 오 서울 너를 사랑한다.

(2013. 6. 15.)

바다는 우리가 살린다

바다는 모든 것을 다 싸안을 것 같아 우리들은 너무 많은 것들을 무심히 내다버렸던 것 같다. 바다가 몸살을 해서 인류가 다 망하게 생겼다는 위기감이 제기되면서 바다 눈을 돌리기 시작했다. 우리 수필인들이 오늘은 바로 그 바다를 살리는 일에 동참하러 가는 날이다. 하늘은 고맙게도 비를 뿌리지 않고 우리들의 출발을 격려하고 있는 듯했다. 물때를 맞춰야 청소를 잘 할 수 있다는 말에 따라 아침 7시 서울을 떠나 시원스레 고속도로를 달려 태안에 도착한 시간이 오전 10시 조금 넘었건만 이미 물은 들어와 버려서 우리는 할 수 없이 바다 쓰레기가 많은 곳은 가지 못하고 만리포해수욕장을 찾아가 모래사장을 청소했다.

좀 아쉽기는 했지만 직접 바다를 깨끗하게 하는 일에 나서고 보니 사명감이 생기고 바다에 함부로 물건을 내다 버리는 일이 얼마나 무서운 결과를 가져오는지를 실감할 수 있어 아주 좋은 교육의 기회라는 생각이 든다. 아주 작은 검은 토막들이 해변에 많이 보이는데 줍고 보니 폭죽을 터뜨린 후의 파편이라는 것이 아닌가? 무심코 한 순간의 반짝하는 재미를 위해 한 행동들이 바로 내 발바닥을 찌를 수도 있다는 것을 우리는 전혀 생각하지 않고 살아온 것이다. 현장에서의 청소는 화끈하게 많이 못했지만 버스 안에서 영상으로 본 교육내용은 참 알차고 유익한 것이었다. 스티로폼이 잘게 부서져서 바다에 떠다니는데 그 알갱이를 먹이인줄 알고 플랑크톤이 먹고, 그것을 또 작은 고기가 먹고 그런 고기를 점점 더 큰 고기들이 먹으면서 결국은 우리 몸속에 중금속으로 쌓이고 만다는 것은 실로 가공할 충격이었다. 플라스틱 잔 조각을 먹이로 착각한 어미새가 열심히 물어다 먹였고, 그것으로 배를 채우던 새가 급기야는 굶어 죽게 된 것을 해부해서 보여주는 화면은 충격을 넘어 공포심을 일으키게 한다. 부메랑이 이런 것이 아니고 무엇이란 말인가? 새가 죽을 지경이면 사람도 성치는 못 할 테니 말이다.

바다 청소를 하러 떠나올 때는 중국의 쓰레기가 많이 와서 쌓인다는 줄로만 알고 중국은 도무지 도움이 안 되는 이웃인가 하는 생각에 미운 나라라는 인상을 갖고 왔다. 그런데 영상에서 보니 우리나라 쓰레기가 일본은 말할 것도 없고 하와이 해변에서까지 발견된다는 현실에 무안하기 그지없는 심정이다. 일본의 학자가 해변에서 라이터만 수집을 해서 주소 전화번호 상호 등을 면밀히 기록하고 그곳에 전화를 걸어 확인 한다는 내용을 보다가 왕십리 곱창집이라는 상호가 확대되는 장면에서는 얼굴이 화끈했다. 마치 뭐 묻은 개가 뭐 묻은 개를 나무라는 형국이 아니었던가?

바다가 죽으면 인류는 정말 끝장이 날 테니 바다가 더 죽기 전에 살려야 한다. 바다를 지켜야 한다. 점심 후에 이어진 세미나에서는 해양수산부 장관을 지내신 조정제 수필가의 학식과 실무를 겸비한 훌륭한 내

용의 주제 발표가 국가 발전을 위해 해양력이 얼마나 중요한 것인가를 잘 설명해 주었다. 우리나라는 사실 역사적으로 강한 해양국이었던 시절이 있었다. 이제 다시 심기일전해서 옛 조상들이 이룬 영광을 다시 재현하는 일도 우리가 해야 할 것이라는 사명감이 꿈틀거린다. 영상 하나를 보고 주제 발표 좀 듣고 너무 흥분하는 것 아니냐고 책망할지 모르지만 그렇지 않다. 이런 일은 홍보가 매우 중요한 부분을 차지하는 일이다. 우리 수필가들이 사명감을 가지고 바다를 살리는 홍보대사가 되어 준다면 우리 바다를 지킬 수 있다. 우리가 바다의 첨병이 되자.

바다 청소 덕택에 모처럼 당일 하루로 끝내는 세미나를 하게 되어 아쉬운 마음을 접고 해미읍성을 들러 서울로 돌아오는 길에는 장마님이 가벼운 빗줄기를 보내셔서 오히려 시원하게 이른 저녁 길을 달려 집으로 왔다. 하늘이 우리의 오늘 나들이를 보호하셨다. 아마 우리의 바다 청소 계획이 보시기에 좋으셨던가 보다. 장보고의 청해진을 떠올리며 남쪽 하늘을 우러러본다.

(2012.7.)

11월은 마무리의 달

한 장 남은 달력을 쳐다보며 마음이 바빠진다. 철이 들면서 언제나 똑같은 생각으로 맞이하는 것이 11월이 아닐까? 오늘따라 11이라는 숫자가 부지런히 다니면서 못다 한 일들을 마무리 하라고 두 다리를 뻗치고 서 있는 것 같다는 생각을 해 본다. 두 글자 아닌 한 글자만 있는 1월에는 해야 할 일들로 희망에 부풀어 있었다면 이번에는 자칫 후회와 탄식에 빠질 두 글자 11월이 되는 사람이 더 많을지도 모르겠다. 하지만 세상은 생각하기 나름이니 못한 일보다 성취한 일들과 불운했던 일보다 행운의 순간들을 되돌아보며 감사의 마음을 갖는 것도 새로운 축복이 될 수 있을 것 같다.

춘삼월 따뜻한 봄날 몰아닥친 동일본대지진은 엄청난 쓰나미로 후쿠시마 원전을 마비시키며 일본은 물론 전세계를 긴장과 불안 속으로 내몰았다. 아무리 부국인 일본이라 할지라도 혼자의 힘으로는 그 재난을 극복해내기 힘든 상황이었으나 일본은 오만과 헛된 자존심을 앞세우다가 화를 키워 세계인의 소중한 생명의 젖줄인 바다를 오염시키는 어리석은 만행을 저지르고 말았다. 속없이 착한 조선 백성들은 앞다투어 성금을 모아 보내고 구호품을 실어 보냈으나 그들은 우리 한국의 물품도 구조대원의 지원도 사절하는 오기를 부렸다. 덴마크에서는 극우 중 극우인 한 남자가 수십 명을 무차별 학살하는 천인공노할 일이 벌어졌는데 그것이 꿈이 아니고 현실인 것이 비극이었다.

우리 사회는 올해도 예외 없이 비리라는 것으로 썩는 냄새가 코를 찌르고 몇 억 원 소리는 뉘 집 애 이름보다 쉽게 주변을 맴도는가 하면 가난한 사람들의 주머니는 몇 천원이 없어 아우성이었다. 채소 값의 폭등으로 시작된 음식 값 상승이 급기야 1만 원 점심시대를 열음으로써 서민들은 이제 아프다는 소리를 지를 기운조차 없을 지경에 이르렀다.

뇌물인지 선물인지 구분하기 힘든 혼돈의 시대 한가운데서도 우리에게는 크나큰 성취가 있었으니 바로 세계로 울려 퍼진 평창이라는 한 마디였다. 재수도 아닌 3수만에 거머쥔 동계올림픽 개최의 티켓 앞에 온 대한민국 국민은 숨이 멎을 만큼 행복했다. 모든 시름, 근심, 걱정, 분노 같은 것들은 그 순간 모두 형체가 보이지 않을 지경이었다. 우리는 해낸 것이다. 다른 일도 우린 분명히 해낼 것이다. 깨끗한 나라, 앞서는 나라를, 도덕이 살아 숨 쉬는 나라를 만들 수 있다.

그런데 그 함박웃음이 채 가시기도 전에 무상급식이냐 부분 단계적 급식이냐를 놓고 벌이던 정책의 공방이 급기야 서울시장 사퇴라는 엉뚱한 문제를 몰고 오는 바람에 서울시는 급식 찬반 투표에 이어 시장 보궐선거를 치르게 되어 시끄럽기 그지없는 상황에 빠져들었다. 서울시의 문제는 그 상징성으로 해서 1개 광역자치단체장 선거라는 단순 사건의 의미를 훨씬 뛰어넘는 폭발력을 갖고 있기에 나라가 함께 들끓었다고 함이 맞을 것 같다. 연이은 대사에 이어 내년 4월의 국회의원 총선과 12월의 대선을 생각하며 국민들의 마음이 온통 정치판에 쏠리는 듯하나 실은 각박해지는 생활전선이 심상치 않아 그럴 여유조차 호사로 보이는 상황이기도 하다.

이런 와중에서도 우리 문인들에게 있어서의 2011년은 문협의 새로운 임원진 탄생이라는 대사를 먼저 기억나게 하는 해인 것 같다. 한국문인들의 위상과 문학의 발전을 위해 한국문협을 어떻게 잘 이끌어 나갈 것인가가 그 임원진의 능력과 경륜에 달렸기에 기대가 크다. 그런데 불행하게도 지난 열 달 동안 우리의 귀는 선거후유증의 잡음으로 늘 시끄러웠고 마음은 심히 불안했다. 아니 분노가 치밀었다. 누구의 잘잘못을 가리고 싶지도 않고 그럴 위치에 있지도 않기에 그 문제는 언급하고 싶지 않다. 다만 문협이 사유물이 아닌데 너무 오랫동안 문단을 제대로 세우고 있지 못하는 사태에 분노하고 그 부족한 경륜에 동정의 마음을 표하는 바이다. 이제 어느 정도 잠잠한 분위기를 잡았으니 하루속히 문단을 제자리에 바로 세우는 일에 목숨을 걸고 책임을 다해 줄 것을 강력히 주문한다.

동일본 대지진의 쓰나미도 덴마크 한 사내의 광인 놀음도 모두 남의 일만은 아닌 바로 우리 속에도 그 위험의 소지가 숨어 있음을 간과하지 말고 우리 모두 2011년 한 해를 잘 마무리 하는 11월이 되었으면 좋겠다. 한 장 남은 달력이 갑자기 아주 무거워 보인다. 마음을 비우고 용서와 감사로 한 달을 보내보자. 새 달력을 한결 가볍게 받을 수 있으리라.

(2011.10.)

문화융성의 원년이 되었으면

광복 70년이라고 온 나라가 흥분했던 해가 저물고 새해가 밝았다. 새로운 70년, 또는 새로운 30년을 기획한 회사나 단체들이 많다. 우리나라도 가는 70년에 오는 70년을 설계했으리라 믿는다. 개인적으로도 새로운 70년의 원년을 잘 시작해야 하기는 마찬가지다. 인생이 100년을 못 사는데 무슨 오는 70년의 계획이 가당키나 한 일이냐고 하겠지만 그렇지 않다.

인생은 유한하지만 세상은 무한하다. 그렇다면 내 아이들이 살아가야 할 세상이니 무한한 계획을 세워야 한다. 무엇으로 새로운 70년을 시작하는 문을 여는 게 좋을까? 우선 먹고 사는 일이 중요하니 경제가 제대로 돌아가는 것이 중요하겠지만 그러기 위해서 이제는 문화가 먼저 고려되어야 한다.

새해에는 매사에 문화를 우선적으로 생각하는 선에서 모든 것이 출발했으면 좋겠다. 바로 4월에 있을 총선부터 선거문화가 완전히 바뀐 상황이 눈앞에 펼쳐졌으면 얼마나 좋을까? 법이나 제도가 아무리 바뀌어도 생활 속의 문화가 바뀌지 않으면 공염불이다. 사람들의 생활 속에 깊숙이 뿌리 내린 문화라는 것이 얼마나 중요하고 오묘한 것인가를 사람들이 공감해야 한다.

모든 면에서 문화를 성숙하게 하려면 문화 행위라 할 수 있는 각종의 문화 활동이 활성화되고 그 일을 하고 싶은 사람이 많아져야 한다. 그래야 그 문화 활동이 왕성해지고 그런 일들의 연결이 바로 우리의 문화를 향상시키고 순화시킨다.

이런 발전되고 성숙한 나라를 만드는 일에 어떻게라도 일조하고 싶은 것이 새해의 소망이다. 우선 나 자신이 좋은 글을 써서 우리 문화를 풍요롭게 하는 일이고 나아가서는 문화 활동을 적극적으로 돕는 일을 함으로써 우리나라의 문화융성을 돕고 싶다.

열악하고 척박한 문화계의 현실에 안주하지 않고, 앞으로 나아가기 위한 몸부림에 지치지 않고 열심히 쓰고 또 쓰리라. 책이 팔리지 않는 현실을 한탄할 것이 아니라 사지 않고는 못 배기게 할 책을 펴내기 위해 혼신의 힘을 다 하리라.

문학이라는 핑계로 세상사와 담 쌓듯 나 몰라라 하고 지식인의 소임을 다하지 않는 비겁함도 완전히 버리는 한 해가 되었으면 좋겠다. 문학이 사회의 소금이 되지 못한다면 존재 이유가 없다는 소신을 더욱 잘 실천하고 사는 한 해가 되게 함으로써 진정 새로운 70년의 문을 열고 문화융성 대한민국의 등불을 들고 싶다. 진정 세상을 환하게 밝히는 등불을!

(2015. 10. 26.)

사명

'우리는 민족중흥의 역사적 사명을 띠고 이 땅에 태어났다.' 수년 전까지만 해도 이 말을 외우느라 애들이 진땀을 빼던 국민교육헌장의 첫 구절이다. 사명, 인간은 나름대로 모두 다 사명을 갖고 이 땅에 왔기에 동물과 구별되는 것 아닐까? 그 사명은 여러 가지가 있고 모두에게 공통된 것도 있고 각자 나름대로 타고난 사명이 있는 것 같다는 게 세상을 많이 살고 나서야 터득하는 진리이기도 하다. 건강하게 잘 자라서 나이가 차면 혼인을 해서 자식을 낳아 길러 인류를 보존시키는 것이 아마 공통된 사명이 아닐는지 모르겠다.

요즘에는 혼인을 하지 않으려는 젊은이들이 점점 늘어가는 추세 때문에 사회적 문제가 되고 있는 실정이고 혼인을 해도 아이를 안 낳거나 한 명 정도 낳으면 큰 적선이라도 한 것처럼 거드름이다. 계속해서 아이를 더 갖는 일은 아예 금기시 하는 정도가 되어 출산율이 심각한 수준으로 떨어지다 보니 이대로 가다가는 300년쯤 후에 민족의 멸종위기가 오리라는 기막힌 예측을 하는 미래전문가가 나올 지경에 이르렀다.

이런 종족보존의 사명이야 모든 생물체가 공통으로 타고난 천부의 것이고 선택의 여지가 없는 일이다. 하지만 사람은 만물의 영장으로 자기 선택권을 갖고 자기 의지에 따라 살아가는 특권을 타고 났기에 그에 따른 책임 또한 막중하게 지니고 태어난다 하겠다. 그 막중한 책임중의 으뜸이 사명이라는 것이라고 생각한다. 우리는 무슨 일을 할 때 사명감을 갖고 일 하도록 배워왔다. 모든 사명의 근본이 되는 것은 사람답게 사는 것이다. 아무리 자신의 책무를 다 해도 인간성이 상실된 것은 해악만 끼칠 뿐이어서 배제되어야 하는 악덕에 속하는 일이 되고 만다. 장사는 이윤을 추구하는 속성이 있어 경영인은 이윤창출을 극대화할 책임을 갖고 있지만 올바른 경영을 통해서 그 일을 해내야 하는 사명을 갖는다고 설명될 수 있다.

학생은 학업성취도를 높여야 할 책임을 갖고 있지만 정직하고 성실하게 노력해서 그 목적을 이루어야 할 사명을 갖고 있는 것이다. 나아가서 그 학업성취의 최종목표인, 세상에 유익을 끼치는 사람으로 살아야 할 사명을 갖는 것이다. 부모가 자식을 잘 길러야 하는 책임이 있지만 올바른 인간으로 길러야 하고 그러기 위해서는 자신들부터 도덕적으로 흠 없이 살아야 할 사명이 있다. 이렇게 모든 사람에게는 그가 선 자리에서 일터에서 감당해야 할 사명이 있고 이런 것들을 직업윤리라는 이름으로 부단히 교육시키고 있다. 그 직업이 많은 사람의 생명을 좌우하는 일이라면 더욱 더 그 보호를 위해 위기상황을 가상한 훈련을 계속해서 그런 위기가 마치 일상으로 일어나는 것처럼 착각할 정도로 몸에 배도록 강훈련을 시키는 것이다. 그렇게 하지 않으면 갑자기 닥친 위기 앞에 우왕좌왕하면서 아까운 생명을 어이없이 놓쳐버리는 비극이 일어나기 때문이다.

우리 생활 가운데서 이런 경우의 대표적인 것이 비행기와 배의 경우가 아닌가 한다. 지상에서 일어나는 교통사고도 수많은 사람을 졸지에 불귀의 객이 되게 만드는 경우도 있지만 상대적으로 볼 때 육상에서의 구조는 빨리 이루어질 수 있기에 좀 덜하다고 생각할 수도 있으나 배와 비행기는 다르다. 구조의 손길을 기다려야 하고 분초를 다퉈서 현장으로부터 승객을 격리시키는 것이 구조의 최우선이다 보니 승무원은 재빠르게 승객의 구출을 도와야 한다. 그 때를 위해 부단한 교육과 자신의 목숨보다 승객의 생명이 먼저라는, 실천하기 힘든 교육을 받는 것이다. 승객은 비전문가이고 승무원은 전문가이다. 그들의 도움이 없으면 승객은 그대로 갇혀서 꼼짝없이 죽음으로 내몰리게 되어 있기에 하나뿐인 승무원의 목숨조차 승객의 목숨을 위해 내려놓을 준비까지 해야 한다는 사명을 머리에 박이고 또 박이도록 거듭된 교육과 훈련을 계속하는 것이다. 이 때 강권적으로 그리 하도록 모든 전권을 기장과 선장에게 위임하고 있는 것이다.

선장의 권한은 막강하고 그 책임은 무한이라 하겠다. 우리 머릿속에는 배가 침몰하면 선장은 배와 운명을 함께 한다고 각인되어 있는 것은 아닌지 모르겠다. 최후까지 승객을 구하는데 혼신의 힘을 다 바치고 자신은 때를 놓쳐, 아니면 배를 못 지킨 책임을 걸머지고 장엄하게 배와 함께 의연히 물속으로 사라지는 광경만이 박혀 있는지도 모른다. 사실상 전설처럼 회자되는 외국의 배 사고 현장의 실상이기도 하다. 그들에게는 최소한 영화 속 모습만이 아닌 실제 상황이었다. 그런 이들이 누리고 사는 나라, 선진국이라는 곳 문턱에 왔다고 근래 우리는 한껏 꿈에 부풀어 있었던 게 사실이다. 경제적으로 조금만 더 뻗어 올라가면 우리도 그 문을 들어설 수 있다고 우리는 젖 먹던 힘까지 내야 한다며 오로지 경제적인 쪽만 달성되면 선진국이 된다고 착각하고 있었다. 그것이 우리의 대단한 착각이었음을 보여주는 참담한 사고가 일어나고 말았다.

2014년 4월 16일 아침 8시 50분 경 진도 앞바다 병풍도 근처 맹골수도 해상에서 세월호 라는 배가 어이없이 뒤집혀 바다 속으로 자취를 감추었다. 순식간에 일어난 이 사고는 이상하게도 갑판 위로 몰려올라온 사람이 전체 승객의 5분의 일도 안 되었다는 믿기 어려운 현실 때문에 온 나라를 더 큰 비탄에 몰아넣고 부글부글 분노를 끓게 하고 있다. 안산의 단원고교생 325여 명을 비롯한 500명 가까운 승객을 태우고 전날 밤 인천 연안부두를 떠나 제주로 향하던 이 화객선의 선장은 그 순간 선실에 들어가 잠을 자고 있었고 배는 그 위험한 해역을 25세 어린 항해사, 경력도 1년 미만의 손에 의지한 채 아슬아슬하게 지나다가 급변침으로 기우뚱하면서 빙 돌아 뒤집혀 버린 것이다. 심한 요동에 놀라 선교로 뛰어 올라온 선장은 승객들은 위험하니 안에 모두 들어가 있으라고 방송했다. 그 안내를 철석같이 믿고 얌전히 선실에 들어앉은 어린 학생들과 승개들은 끝내 그 방을 나오지 못하고 어두운 물속으로 가라앉아 갇히고 말았다. 안내방송만 안 했어도 아이들은 본능적으로 뛰쳐나와 다 살 수 있었을 것이라는 상황 때문에 어른들은 더 얼굴을 들 수 없고 가슴이 더 아프다.

아이들을 방에 가둔 선장은 선원들에게 연락해서 모두 모여 배를 빠져나와 승객보다 먼저 구명정에 몸을 싣는다. 그는 배를 구할 어떤 노력도 하지 않고 자신의 안위와 선원들의 목숨만 챙겨들고 자신이 지켜야 할 자리를 버리고 나온 것이다. 그는 선장인 자신의 사명이 무엇인가는 고사하고 일차적인 책임조차도 관심 안에 없었다. 그는 자신이 여객선의 선장임을 전혀 생각지 않고 그저 배의 키를 잡고 다니는 기술자 정도로 알고 살았던 사람이라고밖에 말할 수 없다. 그에게는 사명이라는 단어 자체가 무엇인지도 이해되지 않았을 뿐더러 그런 거추장스러운 것을 왜 기억하고 살까보냐는 식의 무뢰한이었다고 말할 수밖에 없을 것 같다.

사명을 잃어버린 사회를 개탄하느라 우리는 지금 모두 허탈증에 빠져 있다. 아이들에게 미안하고 부끄럽고 세계인을 대하기 민망하고 수치스럽고 이루 다 말로 할 수 없는 이 상황을 무엇이라 표현해야 할지 말을 잃을 뿐이다. 지금 이 자리에서 네 사명을 찾으라고 할 것이 아니라 내 사명이 무엇이며 내가 그 사명에 얼마나 충실하게 살고 있는지 냉철하게 돌아보는 것이 먼저 해야 할 일이다. 손가락이 부러지도록 매달리다가 이승을 떠난 수많은 어린 생명들에 대한 최소한의 예의이다. 너는 사명을 다하고 살았느냐고 묻는다면 아쉬운 대로 더듬거리면서라도 조금은 실적을 말해볼 수 있을지 걱정스럽다. '우리는 민족중흥의 역사적 사명을 띠고 이 땅에 태어났다.' 이 구절을 다시 목 놓아 외쳐야 할 것 같다. 21세기에도 우리는 소리 합해 외워야할 덕목이 있다니 슬프기도 하고 그런 조상이 있어 뿌듯하기도 하다면 또 꼴통이라 하겠지. 아서라 사람들아 우리 모두 사명을 점검해 보자고요. 네 것이 아닌 바로 나의 사명을 말이외다.

(2014. 4. 25)

7

뱀처럼 지혜롭게

- 뱀처럼 지혜롭게
- 살맛나는 나라를 위해 쓰자
- 올해 임진년은 승천하는 역사를 쓰자
- 펜으로 이루는 21세기 갑오개혁
- 먼 길 미다 않던 문학사랑
- 오늘도 그 함성은 여전히 들리고 있다
- 이제 영영 편히 가시오
- 생각하며 사는 세상을 만들 수 있다면

뱀처럼 지혜롭게

뱀을 좋아하는 사람도 있을까? 몸보신에 유난스러운 사람이 뱀탕은 즐길지 모르나 아마 그런 사람조차도 뱀 자체를 좋아하지는 않을 것이다. 그런데 이 뱀만큼 사람과 가까이서 서로 부대껴가며 사는 동물도 흔치는 않은 것 같다. 뒷동산 풀섶에서 사람을 물기도 하고 독사에 물리면 죽기도 한다. 하지만 집을 지킨다는 터 구렁이 이야기는 들을 때마다 등골을 오싹하게 하면서도 그 구렁이가 나가면 집안이 망한다는 할머니 얘기를 들을 때는 무심중에 친근감을 느끼기까지 했던 것이 어릴 때 기억이다. 게다가 뱀처럼 지혜롭게 라는 말은 뱀을 섬뜩한 존재 아닌 닮을 만한 대상으로 자리매김 해준다.

올해는 뱀의 해이다. 해마다 새해가 되면 그 해 띠 동물을 가지고 여러 가지 덕담을 나누며 희망을 부풀리기도 하는데 금년이야말로 새 대통령과 함께 5년을 새로 시작하는 해이고 보니 감회가 좀 다르다. 불장난치고는 좀 심한 정도의 무기 개발에 혈안이 된 시한폭탄을 머리에 이고 앉은 우리 형편에 딱 맞는 말이 뱀처럼 지혜롭게가 아닐까? 국제정치라는 것은 원래가 힘의 논리이지 의리나 신의, 과거지사 등속은 필요에 따라 헌신짝처럼 버리기를 다반사로 하는 무대이고 보면 우리 사정이 참 딱한 것이 한두 가지가 아니다. 일일이 다 말할 필요야 없지만 우리의 입장에서는 정말 뱀 같은 지혜가 필수적 덕목이 되는 경우가 많으리라고 볼 수밖에 없는 한 해가 될 것 같다.

우리는 올해 헌정 사상 처음으로 여성 대통령의 취임으로 새해를 연다. 앞으로 5년 동안 우리 대한민국을 등에 지고 나갈 제18대 대통령의 취임을 축하하며 그 행운을 손 모아 빈다. 선진국행이냐? 후퇴냐? 화합이냐? 분열이냐? 등등 이루 다 열거하기 힘들 정도로 많은 난제들이 그 앞에 놓여 있기 때문이다. 발전이냐 후퇴냐의 기로에 우리 대한민국 호는 서 있다. 동북아의 얽히고설킨 국제정세와 중국의 행보 등이 우리를 칼날 위에 서 있는 기분으로 살 수밖에 없이 만들고 있다. 이런 시대에 뱀처럼 지혜롭게 라는 말보다 더 적절하게 기억할 명구가 또 있을까? 정말 나라에 어떻게 하는 것이 도움이 될 것인가 하는 것만을 골똘히 생각하고 소신껏 밀고 나갈 수 있도록 새 대통령에게 힘을 실어주고 적극 밀어주어야 한다. 5년 전 새 대통령이 일을 시작하자마자 촛불을 들고 기를 꺾어서 우리가 득 본 것이 무엇이 있었나? 가슴에 손을 얹고 깊이 성찰해볼 필요가 있다고 본다. 이제 우리는 지체하고 있을 시간의 여유가 없다. 이 기로에서 미적거리면 후퇴의 아픔을 겪지 않는다고 장담할 자 아무도 없다. 온 국민이 힘을 합쳐 뱀의 지혜까지라도 빌려서 혼연일체가 되어 대한민국을 선진국 대열에 올려놓아야 한다. 반드시 선진국에 진입시켜야 한다. 그래야 후손들이 마음껏 세계무대에서 큰 뜻을 펼치며 살 수 있기 때문이다.

선달그믐 하루 전날에 태어나서 양력으로는 다음해의 2월생이라 음력으로, 제대로는 뱀띠인 나는 양력으로는 말해에 속하다 보니 뱀띠, 말띠, 모두에 애착이 있다. 이번 뱀해에는 못되고 사악한 것들을 뱀이 다 물어서 없애주었으면 좋겠다. 새봄이 오면 삼천리강토 구석구석까지 해충이 다 물려 죽고, 백성을 괴롭히는 북쪽의 해충들이 모두 물려죽었으면 좋겠다. 그리고 우리를 끊임없이 분열시키는 망령된 해충들도 다 물려 죽었으면 좋겠다. 뱀처럼 지혜롭게 일할 때 가능한 일이 될 것 같다. 뱀은 싫지만 올해 뱀해는 좋은 한 해가 되기를 기원한다.

(2012. 11.)

살맛나는 나라를 위해 쓰자

8월의 해가 떴다. 더위가 여전히 기승을 부리지만 8월의 태양이 유난히 반가운 것은 너무도 암울한 7월을 보낸 탓이다. 사람이 무엇일까를 골똘히 생각할 수밖에 없이 만든 시간들이었다. 더위가 유난히 심하고 지루하니까 사람들이 모두 좀 이상해지고 돌았나 보다고 생각할 수 있다면 오히려 다행이겠다. 하지만 그렇게 핑계 대기에는 너무 심각하고 끔찍한 일들이 벌어지고만 여름이었다.

문학, 인면수심의 군상들이 넘쳐나고 인명이 파리 목숨보다도 가볍게 치부되는 것 같은 착각 속에 빠지게 하는 이런 상황에서 마치 잠꼬대같이 들릴지 모르는 그 문학이라는 것에 온몸을 던지고 사는 글 쓰는 우리들은 과연 누구인가? 자신에게 조용히 그리고 매우 심각하게 묻지 않을 수 없는 순간이다. 우리는 이런 날들을 살면서 무엇을 쓰고 왜 쓰는가? 문학은 어째서 필요한가? 왜 나는 글을 써야만 하나?

문학은 순수해야 하고 시사적인 일을 다루면 순수성이 저해되고 본질을 잃어버리게 되기 쉽다고 경계한다. 물론 맞는 말이다. 그러나 그것은 시류에 합류하거나 특정한 목적의 주구가 되지 말 것을 엄히 가르치는 것일 뿐 사회를 외면하라는 말이 결코 아니다. 그런데 우리의 현실은 상당히 많은 문학인들이 애써 세상일과 담을 높이 쌓고 앉아 홀로 초연한 척 속이고 있는 것은 아닌지 모르겠다.

이런 상황에서 용기 있게 세상의 잘못 가는 길을 틀렸다고 외치고 바로 가야 할 방향을 제시하는 것이 우리 문학이 감당해야 할 소명이라고 생각한다. 문학은 사회의 소금이고 방향타가 되어야 한다. 그것은 문학의 숙명적 사명이라고 생각한다. 거기에는 그 글을 쓰는 사람의 막중한 책임감이 동반되어야 함을 잊어서는 안 된다. 나의 생각이 아닌 누군가의 생각을 널리 펴 주기 위해 자신의 생각인 양 거짓으로 독자를 속인다면 그는 이미 문학인이기를 포기한 사람이지만 온갖 비난을 무릅쓰고 시대정신을 가지고 의견을 제시하는 것이야말로 문학의 숭고한 목적 중 하나이다. 이런 글을 쓰고 싣는 문학과 현실을 사랑한다. 그런 목표를 걸고 제호를 정했을 터이고 그런 생각에 동조하는 작가와 독자가 만나는 공간인 문학과 현실이 희망찬 8월을 연다. 직접 사람을 상하게 한 못된 놈들과 정신적으로 우리를 울린 높은 자리에 계시던(?) 어른(?)들, 우리는 모두다 그들의 꼴도 보기 싫다.

올 12월에는 보고 싶은 사람을 만날 수 있기를 바라면서 그런 나라를 만들기 위해 소리 높여 우리의 산하를 노래하자

(2012. 8.)

올해 임진년은 승천하는 역사를 쓰자

사람이 한 해의 상징동물로 12가지 짐승을 택할 때 오죽이나 많이 생각하고 좋은 것으로만 골라서 정했으랴? 세상만사 장단점이 있기 마련이다 보니 12지 동물 중 나쁜 점 또한 없는 것이 없으리라. 그 중에서도 인간들은 그 해의 상징동물이 지니고 있는 좋은 점만을 부각시키며 오는 한 해의 만사형통을 다짐하고 기원한다.

꾀가 많고 영리하기가 둘째가라면 서럽다는 토끼해 신묘년을 보내고 이제 대망의 임진년을 맞았다. 용은 임금을 상징하기에 예로부터 숭상의 대상이 되어 왔다. 어찌 보면 모든 가치의 완성이요 극치의 대상이 용이 아니었던가 싶다. 훌륭한 아들을 낳았을 때 대부분 태몽으로 용꿈을 꾸었다는 전설이 한둘이 아니지 않은가? 지상에서의 잡다한 애환을 다 털어 버리고 하늘로 오르는 일, 어떤 가치의 완성이라 할 그런 상징으로 용의 승천을 꼽고 있기도 하다. 우리나라 도처에 용의 이름이 붙은 지명이 유난히 많을 뿐더러 그 곳은 용이 승천했거나 승천에 실패했다는 양극의 전설들을 지니고 있다. 하나는 승리, 성취의 함성이고 후자는 슬픈 전설이 되어 사람들의 가슴을 후비고 지나간다.

왕의 상징인 연유로 해서 일반 백성들은 실생활에서 용의 형체도 소유해서는 안 되는 일이었다. 그러기에 꿈이나마 용꿈을 좋아했는지도 모를 일이다. 이런 대망의 용의 해 새해가 밝았다.

임진년은 우리 머리에 이순신을 떠올리는 임진왜란으로 먼저 기억되고 있다. 올해는 그런 임진년 아닌 승리의 해가 되기를 간절히 바란다. 세계는 경제위기로 들끓고 어느 곳에서 끓는 가마솥이 터져 세계를 경악시킬지 모르는 일촉즉발의 위기 속에서 어떻게 살아남고 경제파국의 유탄을 맞지 않을 수 있을 것인가가 초미의 관심사인 형편이다.

우리는 2012년 용의 해를 맞아 그야말로 비상하는 용의 큰 몸짓을 바라보는 것이 아니라 우리가 그 용이 되어 하늘로 올라가야 되겠다. 일찍이 아시아의 네 마리 용 중의 하나였던 우리가 이제 명실상부하게 진짜 용의 대접을 받고 있다는 현실이 자랑스럽기도 하고 혹시 꿈이 아닌가? 하는 의구심에 사로잡히기도 하는 것이 부족한 아낙의 고백이다. 우리가 정말 이렇게 잘살게 된 것 맞는가? 맞단다. 세계가 인정하고 우리 연구자들이 입을 모아 맞다고 하지 않는가? 그렇다면 이제 우리는 그 쌓은 탑이 허물어지지 않도록 온 힘을 다해서 굳건히 자리잡게 해야 한다. 우리는 누가 무어라 해도 대단한 백성이다. 정치가 곤죽을 쑤어도 크게 걱정할 것 없는 이유는 우리네 백성의 저력을 믿기 때문이 아닐까? 걱정할 것 없다. 우리는 잘 해낼 것이다. 세계가 우리를 주시하고 있다. 하지만 우리는 멋지게 해내고 말 것이다. 우리는 대한민국의 주인이 아니던가? 광복 65년, 황무지에서 기적같이 새나라 대한민국을 크게 세우고 겨우 5살에 전쟁이라는 철퇴를 맞았지만 반세기 만에 국민 소득을 몇 곱절이라고 계산하기 힘들 정도로 끌어올린 대단한 민족이다. 전쟁 구호물자의 하역항이던 부산에서 세계에 원조를 어떻게 할 것인가를 주제로 '온 세계 정상'들과 머리를 맞대고 지혜를 짜는 국제회의를 개최할 만큼 우리는 성장했다.

자 위축되지 말고 임진년에 이순신 장군의 얼을 받아 멋지게 비상하자. 선진국 진입의 승천을 해 보자. 앞으로 5년 동안 이 나라 백성들이 잘 살도록 심부름을 맡겠다는 잠룡들이 워밍업을 열심히 하는 새해 벽두이다. 우리도 하나하나가 잠룡들이다. 세계인을 놀라게 할 한국의 잠룡들이다. 자기가 선 자리에서, 자신의 전문 분야에서 용트림을 시도하는 한 해가 되자. 아니 용트림은 빨리 마무리 짓고 가을쯤에는 승천을 해 보자. 우리처럼 글 쓰는 이들이야 후세에 남겨질 글 한 편 쓸 수 있다면 자다가도 웃을 수 있을 것 같다. 우리 모두 멋진 글 훌륭한 작품 하나씩 탄생시키는 승천을 다짐하고 기원해 보자. 그러는 사이 우리 심부름을 하고 싶어 하는 수많은 잠룡들이 열심히 용트림을 하여 백설이 만건곤할 제 쯤이며 국민의 투표라는 떠밀림을 받아 유유히 창공으로 승천할 것이다. 우리는 박수나 크게 쳐주면 된다. 그 후로는 그 손에 또 우리의 5년을 맡긴 채 지켜보면 된다. 후회하지 않을 잠룡을 승천시키는 행운이 우리 온 국민의 것이기를 간곡히 바란다.

모두가 제 자리에서 각자의 소임을 다하는 진정한 용의 해가 되었으면 좋겠다. 그래야 우리는 열심히 글만 쓰면 되고 아이들은 공부 잘하면 되는 그런 세상을 만날 수 있다. 아니 그런 곳에서 살고 싶다. 부수고 외치는 세상이 아니라 실력을 갖추어서 승천하고 그 성취를 기꺼이, 아주 흔쾌히 축하해 주는 그런 세상이 되었으면 좋겠다. 진정한 승리 새로운 임진년은 일본을 욕할 필요 없이 우리가 저만치 먼저 가 있는 해로 만들면 된다. 슬픈 전설의 용이 아니라 승천한 용이 되어 삼천리금수강산을 내려다보는 느긋한 용, 회심의 미소를 짓는 용의 전설을 쓰는 한 해로 만들자. 그런 임진년을 맞아 가벼운 마음으로 아산 현충사에 단풍 구경을 가고 싶다.

(2012. 1.)

펜으로 이루는
21세기 갑오개혁

가슴 졸이다 못해 등골이 오싹했던 계사년이 역사 속으로 물러났다. 언제나 새해가 되면 설레는 마음으로 부푼 꿈을 꾸어 본다. 그것은 꼭 이루어질 것이라는 희망으로 어깨를 좌악 펴게 해주는 활력소이기도 하다. 사람에게 희망이 없다면 아마 지구는 예전에 망했을지도 모른다. 꿈은 실망하라고 있는 것이라는 너스레가 있기도 하지만 꿈은 인생을 발전하게 하고 살맛나게 하는 비타민 같은 것이다.

올해 갑오년에 야무진 꿈을 꾸어 보려 한다. 120년 전 갑오년을 떠올리며 21세기 갑오개혁을 기획해 본다. 갑오개혁은 한마디로 하면 그동안의 차별과 억압의 사슬을 과감히 끊어내는 일대 혁명적 사건이다. 반상제도를 타파하여 사대부의 몰락 위에 만민 평등을 구현시키려는 꿈을 담았다. 과부의 개가 금지를 법제화하고 있던 과부금혼제도를 깨뜨렸다. 여인의 행복추구권과 자기 자신의 일에 여인도 자기결정권을 갖게 함으로써 명실상부한 한 인간으로서의 존엄성을 인정해 준 획기적인 조치이다. 과거제도를 없앰으로써 남녀의 성별이나 반상의 신분차이로 관직에 나가고 나갈 수 없음의 차별장벽을 과감히 무너뜨렸다.

이외 여러 가지가 있지만 그 중의 백미는 여성에 대한 교육 시행을 천명한 사실이다. 여성이 교육 받을 수 있게 허락한 이 개혁이 여성교육의 물고를 트고 개신교 선교사들이 세운 여성교육기관이 여성교육의 봇물을 이루게 함으로써 이 나라 여성들은 암흑에서 눈을 뜨게 되었다. 과부금혼제도와 과거제도는 사실상 여성 억압의 면에서 보면 상호보완작용을 했던 면이 있는데 과거제도가 없어짐으로 과부금혼제도는 남아 있었다 해도 별무효과로 유명무실해졌을 것이다. 어머니가 개가한 자식은 과거를 볼 수 없었던 것이 과거제도였고 자식의 앞길을 막을 수 없어 여인들이 원하지 않아도 수절을 하고 시댁에 남아 있을 수밖에 없이 만든 족쇄가 과부금혼제도이기 때문이다. 한편 양반만이 응시할 수 있었던 과거제도를 혁파함으로서 누구나 관직에 나갈 수 있도록 문호를 만백성에게 고루 개방한 것이 갑오개혁이니 만민 평등한 국가의 목표를 제시한 획기적인 사건이라 아니할 수 없다.

2014년 갑오년에는 평양에 이런 혁파의 역사가 일어나기를 바란다. 백성을 굶주림에 떨게 하면서 과소비를 일삼는다는 일부 권력자들의 독점을 과감히 깨부수고 하루 세 끼 밥을 찾아 먹이는 혁신적 변화가 일어나기를 바란다. 도와주려고 기회만 기다리고 있는 남쪽을 공연히 건드리려 하지 말고 민족화해를 위해 과거를 사죄하고 진정한 남북통일을 위해 머리를 맞대고 고민하자는 제의를 허심탄회하게 할 줄 아는 성숙한 길을 택하는 평양이 되기를 바란다. 우리는 그런 날이 왔을 때 선뜻 손을 잡고 이끄는데 부족함이 없도록 하나로 똘똘 뭉쳐있기를 바란다. 그러려면 그늘진 곳에 내가 먼저 손을 내밀어 평균적 삶의 질 향상을 이루어내는 한 해가 되어야 한다. 21세기 새로운 갑오의 개혁의 꿈이 이루어져서 개성 나들이를 갈 수 있다면 얼마나 좋을까?

북의 김정은은 화해를 시사하는 내용의 신년사를 했고 우리 박근혜대통령은 통일은 대박이라고 했다. 화해와 통일은 손바닥의 양면 같은 것이니 청마의 등에 올라 통일을 이루어 보는 것이 꿈만이 아닐 수도 있다. 사람의 생각을 담아내는 글이라는 것은 묘한 마력 같은 것을 지니고 있다. 보아지 않는 생각이라는 보배를 글로 풀어냈을 때 그것은 비로소 눈에 보여서 사람의 마음을 움직이게 하는 힘을 갖게 된다. 말로 쉽게 생각을 표현하지만 그것은 일과성이기도 하고 정돈되지 않아 오해를 불러일으키기도 하지만 글은 그렇지 않다. 그 중에서도 문인의 글은 정제되고 다듬어진 것이어서 사람의 생각을 마음대로 움직이게 하면서도 비교적 자신의 생각을 옳고 깊게 독자의 마음 중심에 꽂는다.

그런 글 중에서도 수필이야말로 세상의 잡다한 일들 속에서 삶의 질을 높일 수 있는 진수를 찾아 한 줄로 엮어낼 수 있는 매력을 지닌 글이 아닌가 한다. 이론이나 보편적 가치의 나열이 아닌 자신의 체험 속에 뿌리박은 진실을 통해 그 창에 비치는 새로운 영상을 독자의 눈에 환하게 보이도록 비춰내는 글 그런 수필을 담아내는 소중한 그릇으로 수필문학을 한 권 한 권 성실히 엮어내는데 혼신의 노력으로 충성하는 한 해를 살고 싶다. 그런 갑오년이 되기를 바란다. 진부하고 고답적인 부분이 있었다면 우리 문인들부터 용기 있게 120년 전 선조들처럼 과감한 개혁을 이루어 보자. 문학이 세상의 소금임을 실감케 하는 용감한 제언을 할 수 있는 문학이 세상을 살맛나게 바꾸는 21세기 새로운 갑오개혁을 우리 손으로 이루어보자. 그 시절 여인의 눈물을 닦았던 것처럼 가정을 회복해내고 가정의 중요성을 위해 희생할 줄 아는 삶을 사는 일의 새로운 가치관도 우리가 심을 수 있다.

교육의 기회 평등으로 행복했던 그 시절처럼 다시 교육의 지나친 족쇄로부터 우리들의 꿈나무들을 살려내는 일도 우리의 붓끝에서 이루어낼 수 있다. 가진 것을 나누고 나보다 못한 사람들의 삶에 관심을 보이는 사회가 되도록 샅샅이 찾아서 발로 쓰는 한 해가 된다면 우리는 세상을 밝히는 등불이 될 것이다. 칼보다 펜이 무섭다는 말이 그저 명언만이 아님을 우리들의 주옥 같은 글로 보여주는 갑오년이 되기를 기원한다. 청마의 등에 타고 앉아 펜이라는 채찍을 힘차게 휘둘러보자.

(2014. 1. 7.)

먼 길 마다않던 문학사랑

마음이 있으면 백리 길도 멀지 않겠지만 사람의 마음이라는 것이 처음에는 정성을 다하다가도 세월이 지나면 약간 퇴색되기 마련이다. 서울 장안에 살면서도 시문회 모임에 자주 빠지게 된다. 강의가 있거나 공적인 일이 대부분 결석 이유이지만 개인적인 일로도 우선순위가 뒤로 밀릴 때가 많다. 솔직히 고백하면 열정이 식어서 그런 것이리라.

어쩌다 가보면 언제나 일찍 와 계시는 분이 있는데 박정애 선생님이셨다. 다른 분들도 시간 전에 오는 분들이 많지만 박 선생님을 뵈면 반갑고 무안해진다. 그것도 시간에 늦는 경우가 잦은 나로서는 죄송한 마음까지 들어 인사를 제대로 드리지 못할 때가 많았다. 양심이 있어서이다. 시내에서도 이렇게 늦는데 박 선생님은 자그마치 제천에서 오시는 길임을 잘 알기 때문이다. 일찍 오시느라고 애쓰셨다고 할 때마다 다 똑같지 무슨 소리냐고 하시지 단 한번도 정말 나는 이렇게 멀리서도 제때 오노라며 생색내는 법이 없다. 항상 온화하게 짓는 미소가 입가에 머물러 있을 뿐이다.

박정애 선생님은 일찍부터 한국 부인회 등의 여성단체 활동을 하시면서 많은 봉사를 하셨고 문학에 입문하셔서 우리 시문회 회원이 되신 이후로는 어느 활동보다 최우선 순위를 시문회 활동에 두셨던 것으로 알고 있다. 그 어른의 문학사랑은 그 모임에 대한 사랑으로 읽을 수 있다. 멀리서 한 번도 빠지지 않고 오신다고 박수라도 칠 때면 당연한 일을 가지고 왜들 이러느냐며 정색을 하시곤 했다. 박정애 선생님의 문학사랑은 이런 정신적인 것에만 머무르지 않으셨다. 언제나 열악한 재정 문제가 앞서는 문학 활동에 조금이라도 보탬이 되도록 항상 아낌없이 필요를 채워주시곤 했다. 본인이 쓰실 용돈을 아껴서 베푸는 정성이셨다. 물질이 다냐고 말하는 사람이 있을지 모르지만 마음이 있어야 물질이 나오는 것이지 뜻이 없으면 그렇게 선뜻 내기 힘든 일이다. 회원들의 작품을 빼지 않고 읽고 평을 조용히 전해주시는 자애로운 선생님의 모습을 갑자기 뵙지 못하게 된 현실이 도무지 믿어지지 않는다. 내가 남편을 잃고 처음 모임에 나간 날 손을 꼭 쥐고 말을 잇지 못하시던 모습이 지금도 눈에 선한데 하늘 길을 밟으신지 어언 1년이 돼 간다니 참 세월이 빠르다는 생각밖에 들지 않는다.

갑자기 사고를 당하셨다는 소식을 뒤늦게야 듣게 돼서 마지막 꽃 한 송이도 바치지 못한 것이 못내 죄송스럽고 마음이 아프다. 산 사람 마음의 위로일 뿐 가시는 분이야 어차피 상관이 없을지 모르겠으나 큰 빚을 진 기분이다. 예전처럼 다리가 건강했으면 아마 그 밤으로 달려갔을 텐데 다리가 아플 때여서 밤길을 나설 자신이 없었다. 따님이 어머님 유고집을 내신다기에 이렇게 글이라도 올려 드릴 수 있는 행운을 얻어 한결 가슴이 후련해지는 기분이다. 선생님은 분명 좋은 곳에 가셔서 편안히 우리를 내려다보고 계실 것이다. 그 속으로 타는 문학 정신과 이웃에 대한 따뜻한 마음, 그리고 이 나라 여성들을 위한 봉사의 열매들을 그 어른의 자녀들이 거두는 복을 누리시리라 믿는다.

박정애 선생님 부디 좋은 곳에서 편안히 문학사랑에 마음껏 빠져 지내십시오. 우리도 최선을 다해 사시던 모습 본받아 열심히 살다가 하나님께서 부르시면 따라 갈게요.

따뜻한 어른을 회고하다 보니 가슴이 따뜻해졌다.

(2012. 5.)

오늘도
그 함성은
여전히 들리고 있다

매화가 봄이 멀리서 오고 있음을 알리고도 달포나 지나서야 서울의 봄은 방긋이 열린다. 목련이 하늘을 우러르며 우윳빛 자태를 고고히 드러내면 개나리 진달래가 앞다투어 피어나면서 남산은 활짝 웃으며 깨어난다. 목멱의 훈풍이 화신을 앞세워 숭례문을 열어젖히고 단숨에 광화문으로 달려들고 북악을 점령하면 산야는 정신없이 울긋불긋 색칠을 시작하고 그 황홀경에 도심도 찌든 때를 잠시 감추고 사람들은 시름을 잊는다 마치 바보라도 된 것처럼 세상사 뒤로 하고 꽃구경에 빠져든다. 어린이 대공원으로 과천의 경마공원으로, 여의도의 윤중로를 헤매며 벚꽃 삼매경에 빠지다 보면 4월은 무르녹아 흥건히 옷자락을 적시고 있다.

때가 되면 얼어붙어 꼼짝 않을 것 같던 동장군도 맥을 못 추고 물러가듯이 우리네 세상사도 순조롭게 순환하고 만사가 사필귀정의 순리를 따라 준다면 얼마나 좋을까? 세상사는 그렇지 못한데 사람만 시간이 지나면 아무리 심각했던 일도 언제 무슨 일이 있었더냐는 식으로 시나브로 잊어버리고 만다. 그 건망증으로 해서 우리는 잘못을 또 되풀이 하며 살아가는 것은 아닌지 깊이 성찰해 볼 일이다. 그것도 네가 그런 것이 아니라 바로 내가 그렇다는 자성이 필요한 때인 것 같다. 요즘 유난히 썩는 냄새가 지독해서 어지간히 둔감해진 후각으로도 숨을 쉬기가 힘들 지경이다. 어제 오늘 갑자기 썩은 것이 아니라 오랜 세월 관행이라느니 무엇이라느니 하는 허울 좋은 명분 등의 뒤에 숨어 자행되어 온 각양각색의 부정부패와 비리가 꽁꽁 싸고 있던 보호막을 뚫고 드러나기 시작한 것이다. 마치 오늘의 일인 양 새 정부의 발목을 잡는 빌미가 되어서는 안 된다. 그것은 또 다른 손실을 우리에게 안겨줄 뿐이기에 그렇다.

이제 그런 일들이 만천하에 드러나며 우리의 큰 변혁의 계기가 된 것이라고 보면 맞을 것 같다는 것이 부족한 필자의 생각이다. 남을 탓하기 전에 나부터 돌아보아야 발전이 있다면 우리를 먼저 살펴볼 일이다. 문학이 무엇인가? 글을 쓴다는 일이 무엇인가? 최소한 문인은 선비라는 자긍심을 갖고 살아가는 사람들이다. 그런 우리가 그동안 세상의 소금이 되어 나 하나만이라도 썩지 않고 살았는가? 큰소리칠 분들이 더 많겠지만 불행히도 그러지 못했던 것 같아 올해 목련은 유난히 슬픔으로 다가온다. 나도 그들과 비슷한 잘못을 알고도, 모르고도 똑같이 범했음을 고백해야 하고 그런 것들을 보았을 때 불이익을 감수하며 지적하고 시정하려 글 한 줄 제대로 써 보았던가? 가슴에 손을 얹고 솔직히 고백컨대 그러지 못했던 것 같다. 최소한 나 자신이 그러지 못했고 나아가서 그러도록 권고하거나 분위기를 만들지도 못했다.

어언 반세기가 훌쩍 지나버린 1960년 4월 우리 젊음은 독재와 불의에 항거하여 교문을 박차고 나와 광화문을 덮으며 태평로 거리에 안방처럼 주저앉아 독재타도와 정의의 구현을 목놓아 부르짖었다. 그리고 단 1

주일 만에 이승만 대통령은 국민이 원한다면 하야 하겠다는 성명을 발표하고 경무대 문을 나서 이화장에 칩거했다. 4.19혁명 이야기를 길게 할 지면이 아니기에 생략하겠지만 오늘의 우리가 있는 밑바탕에 그날의 젊은 함성이 떠받치고 있음을 기억하는 사람이 과연 몇이나 될까 생각하니 허허로울 뿐이다. 과거는 회상하기 위해서만 우리 뇌리에 남아 있는 것이 아니다. 과거를 잊고는 미래를 보장할 수 없다.

나라를 구하려는 젊음의 순수한 함성이 오늘의 번영을 이루어낸 밑거름임을 확인하고 감사할 때 진정한 역사발전을 기약할 수 있다. 광화문에 물결치던 젊음의 항거를 우리는 결코 잊지 말아야 한다. 우리에게는 부패하고자 하는 유전인자가 아닌 깨끗하고, 발전하고자 하는 선비정신의 유전인자가 더 강하게 있음을 자긍심으로 삼아도 좋다. 우리는 그 선비의 후예이고 첨병이라는 자부심을 가져도 좋다. 세상의 소금이 되는 문학의 역할을 감당하기에 수필을 능가하는 장르를 찾기 힘들다는 것은 이미 공감하고 있는 일이다. 우리 수필이 나라를 바로 세우고 부패를 막는 살균제가 되도록 우리 붓끝을 다시 한번 가다듬고 세상사 구석구석을 두루 살피는 뛰어난 안광을 빛내 볼 때인 것 같다. 우리 사랑스런 후손을 위해 문학으로 승화된 교훈을 남기는 글이 넘쳐나기 바란다. 이 나라의 진장한 봄을 위해 오늘도 그 함성은 계속되고 있다.

(2013. 3.)

이제 영영 편히 가시오

당신 떠난 지 어언 2년이 지나 대상을 치르게 되었습니다.

무심하고 독한 것이 사람인가 봅니다. 당신은 그렇게 속절없이 가 버렸는데 나는 멀쩡히 살아남아 먹고, 자고 웃기까지 하며 잘 살아가고 있으니 말입니다. 의령이가 옆에 있어 큰 힘이 되었지만 아직도 짝을 채워주지 못해서 당신께 미안합니다. 은행에 잘 다니고 지 할 일 잘하고 건강하니 감사할 뿐입니다. 내년에는 짝도 찾았으면 좋겠습니다.

해준이도 제 식구들과 잘 지내고 신문사 잘 다니고 있으니 고맙고, 건강하니 감사한 일입니다. 어미도 잘 있고 한근이는 중학생이 되어 의젓하게 잘 크고 있고 한주도 10살이 되어 공부 재미도 알고 잘 자라고 있으니 집안이 큰 복을 받은 것 같습니다. 모두 다 당신의 기도 덕입니다. 계속해서 기도해 주세요.

나는 이제 70이 넘어 마음을 다 비우고 나니 홀가분합니다. 전철역에서 집에 오는 길, 그 짧은 거리의 택시 값이라도 걱정 않고 가끔은 부담없이 타고 다닐 정도의 여유나마 죽을 때까지 가지고 살았으면 좋겠다는 정도가 가끔씩 생기는 욕심입니다. 밀린 원고와 또 앞으로 쓰일 원고들의 책이나 계속 묶어낼 수 있었으면 좋겠다는 것이 좀 큰 욕심이구요.

내년 이날에는 사위와 함께 당신을 만나러 가면 얼마나 좋을까요? 나는 더 팔죽할멈이 되겠지만 아이들은 더 좋아질 테니 내년 오늘을 기쁘게 기다립시다. 사는 날까지 아이들에게 부담이 안 되는 어미로 살다 갈 수만 있다면 더 다른 소원은 접겠습니다. 옛 풍습으로는 이제 오늘로 당신의 혼백이 집을 완전히 떠나는 날이니 모든 근심 걱정 다 내려놓고 편안히 가시구려. 당신의 유언대로 나는 오래오래 아이들과 자알 살다 갈 테니까요.

(2012.12.15. 당신이 사랑한다던 사람)

생각하며 사는 세상을 만들 수 있다면

사람이 동물과 다른 것은 생각할 수 있는 능력을 가졌다는 점 때문이다. 우리는 이 귀한 능력을 거의 잊고 사는 것 같기도 하다. 무심결에 하는 말 중에 먹고 논다는 말이 스스럼없이 오가는 것을 들을 때마다 아니라고 지적하며 설전을 벌이기도 한 기억이 많다. 주로 여성들이 직업이 없음을 표현하는 말로 먹고 논다 하기에 전업주부가 얼마나 중노동이며 중요한 일인데 그렇게 자기 비하를 하냐고 열을 올리기도 했다.

요즘은 노년인구가 급증하면서 자신은 할 일이 없어 그저 밥만 축내고 있노라고 생각하는 사람들이 많아졌다. 이런 세태 속에서 대부분의 사람들이 생업을 위한 일에만 열심을 내지 자신의 내면세계를 가꾸는 일이나 자기발전을 위해서는 별로 시간을 내려하지 않는 세월을 살아왔다. 그러나 이제 경제가 발전하고 우리들 살림살이도 예전에 비하면 하늘과 땅 차이만큼이나 변했기에 자기 자신의 발전을 위한 일에 신경을 쓸 수 있게 되었다.

요즘은 주위에 평생교육의 기회를 접할 수 있는 곳이 지천으로 늘어나서 오히려 잘 가지 않는 역기능까지 시작된 것이 아닌가 염려될 지경에 이르렀다. 이런 가운데서도 글을 쓴다는 일에 관심을 갖는 경우는 아직도 그리 많지 않다. 생각해야 해서 머리가 아플 것이라는 선입관이 은연중에 발목을 잡기 때문인 성 싶다.

강제로 오라는 것도 아니고 글을 쓰고 나면 무슨 경제적 반대급부가 금세 주어지는 것도 아니기에 문학을 시작하기가 그리 쉽지 않다. 자발적으로 시작하는 평생교육의 경우에 문학반의 문을 두드리는 분들은 거의가 대단한 문학창작에의 잠재력을 지닌 분들이다. 학창시절 문학소년 소녀들이 그 꿈을 생활이라는 무서운 현실 앞에 꽁꽁 숨겨두었다가 일상에 좀 여가가 생겼을 때 마치 공기가 스며들어 오듯이 배움의 욕구를 흔들어 깨워내서 시작되는 작업이다. 이런 분들의 성취를 이끌어내는 것은 비교적 쉽고 즐거운 일일 수도 있다. 그동안 숨겨져 있던 잠재력을 찾아낸다는 것은 엄청난 도전으로 다가와 오히려 지도하는 사람을 성장시키는 에너지가 되기도 한다.

고려대학교 평생교육원의 개원 때부터 개설된 수필창작 과정의 글벗들이 여울로 모여 동인지를 펴낸 지 어언 16년의 세월이 흘렀다. 그동안 동인들은 문단의 탄탄한 일원이 되어 수작을 발표하게 되었고 매년 한 권씩의 책을 펴내서 세상 사람들에게 생각하고 살면 세상이 얼마나 아름다운가를 보여주는 글 나눔을 계속하고 있다.

체험을 바탕으로 창작되는 수필의 특성상 이번 16호 역시 동인들의 생생한 삶의 현장이 고스란히 담겨 있어 훈훈한 향기를 함께 느낄 수 있는 좋은 책이라 확신하며 독자들께 일독을 권하는 바이다.

(2014.12.25.)

오경자

- 전주여고, 고려대 법과대학 졸업
- 이화여대 교육대학원 졸업
- 경제통신사 기자(전)
- 한국여성단체협의회 사무처장(전)
- 장안전문대 겸임교수(전)
- 한국사회교육연구원 원장
- 사법제도개혁 심의위원(전)
- 고려대학교, 인천전문대 강사
- 월간『수필문학』천료 등단
- 국제PEN한국본부 부이사장
- 한국문인협회 회원(감사역임)
- 한국수필문학가협회 회장
- 한국수필가협회 이사
- 한국기독교수필문학회 회장(전). 고문
- 수필문학추천작가회 고문
- 한국크리스천문학가협회 회장(전). 고문
- 은평문인협회 회장(전)
- 시문회 회장 역임. 고문
- 한국여성문학인회 이사
- 창작수필문인회 회장 역임. 고문
- 고려대학교 평생교육원 수필창작 지도교수
- 한국여성단체협의회 법규위원장, 출판공모위원장(현)
- 21세기여성정치연합 부회장
- 수필문학상, GS문학상, 크리스천문학상, 연암문학상, 원종린문학상, 사임당문학상, 은평문학상 수상, 올해의 수필인상, 대통령 표창(1983), 국민포장(2014)
- 저서(수필집)『바퀴달린 도시』,『느린기차를 타고 싶다』『그 해 여름의 자두』,『천년을 웃고 사는 여인』(선집)『그렇게는 말 못해』,『아름다운 간격』(공저)『토기장이와 질그릇』,『신원확인』,『밤에 열린 광화문』『그때는 왜』,『아버지의 꿈』

수필문학사 수필선집 / 456

오경자 수필집

아버지의 꿈

2020년 1월 1 초판 인쇄
2020년 1월 5 초판 발행

지은이 / 오경자

발행인 / 강병욱
발행처 / 도서출판 교음사
편 집 / 隨筆文學社 出版部

03147 서울 종로구 삼일대로 457 수운회관 1308호
Tel (02) 737-7081, 739-7879(Fax)
e-mail : gyoeum@daum.net

등록 / 제2007-000052호

* 잘못된 책은 바꿔 드립니다. 값 13,000원

ISBN 978-89-7814-763-7 03810

이 도서의 국립중앙도서관 출판예정도서목록(CIP)은 서지정보유통지원시스템 홈페이지 (http://seoji.nl.go.kr)와 국가자료공동목록시스템(http://www.nl.go.kr/kolisnet)에서 이용하실 수 있습니다. (CIP제어번호 : CIP2020000188)